レクチャーブックス◆松岡享子の本1

お話について

松岡享子著

東京子ども図書館

●本書は、一九九六年刊『お話について』（松岡享子レクチャー・ブックス1）の、シリーズ名と一部表記を改め、装丁を一新したものです。

●一九八四年に、当館財団設立十周年記念事業の一環として行った松岡享子の講演から二つを収録しています。

●本文中の肩書き等は当時のままとしました。

●出典については番号をつけ、巻末に書誌事項を記載しました。

もくじ

Ⅰ お話について

この講演は、一九八四年六月十九日、東村山市立図書館開館十周年記念として、同館で行われました。

はじめに——子どもと本、ここ十年の動き

会場の垂幕に、「おめでとう東京子ども図書館」などと書いていただいて、ほんとうにありがとうございます。私が、東村山市立図書館の設立十周年をお祝いに参ったのに、逆にお祝いいただいて恐縮でございます。

今、階下で鈴木館長とお話ししていたのですが、十年なんて早いものですね。あまり十年たった、というような気がしません。仕事は、いったんはじまってしまうと、次から次へといろんなことが起こってくるものですから、いつもそのとき、そのとき、目の前にあることを精一杯やっていて、それがつながって何年かたつということが、なかなか頭に浮かびません。私には、一所懸命なそのとき、そのときがあった、ということだけでした。それが、ここへきて、やれ十周年の記念の講演会だの、十周年の記念のお話会だの、十周年記念の募金だのということがあって、いやでも十年ということを考えなければならなくなりました。自分の内部では、十年がひとつながり、ひとまとまりの時間として感じられ

ているわけではないのですけれど、外側から区切りがついたという感じです。

ところが、そうなって、ちょっとまわりを見てみますと、こちらもそうですが、いい活動をしていらっしゃる図書館の中で、今年十周年を迎えていらっしゃるところが、ずいぶん多い。また、文庫とか、児童文学の同人誌などでも、今年で十年というところが多いんですね。いろんなところからいただく文庫便りなどを拝見していても、「ああ、ここも十年なのか」ということがよくあります。

みなさまもご存じの子どもの本の関係の団体に「日本国際児童図書評議会」というのがあります。これは「国際児童図書評議会（International Board on Books for Young People)」という、いわば子どもの本の世界連合のような機関の日本支部なのですが、そして、再来年の一九八六年には東京で、子どもの本世界大会を開催するというので頑張っているのですが、この評議会も今年創立十周年になります。

このように、子どもの本に関係した団体で、活動をはじめて十年になるところがあちこちにあるというのは興味深いことだと思います。ひとつひとつを見れば、そのとき目の前に必要があったとか、なんとなくそうなったとか、それぞれの事情があってはじめたことなのでしょうが、もっと大きな時の流れからみると、やはり一九七〇年代の初めに、ひとつの時期がきていた、いろんなことがはじまったのも、ある流れの中でのことであったのだ、といえるのではないかと思います。自分たちが動いたのだと思っていることも、結局は、大きな時の流れに動かされている面があるということですね。あちらでも、こちらでも、十年といっているのを聞きますと、そういうことを思わされます。

それでは、この十年というのがどういう十年であったのか、それをここにお集まりの方々に関心の深い図書館とか、子どもの本について考えてみたいのですが、図書館についていえば、日本では、この十年で、ずいぶん数も増えたし、サービスもよくなったといえると思います。この傾向は、その前の十年からもうはっきりしていたことですけれども、従来の、本を保存することを第一にした図書館から、利用されることにこそ存在理由があると考えるサービス中心の考え方への転換が見られました。子どもを図書館のサービスの対象として大事にするという考え方も、この十年の間に広く公認されるに至りました。
そういう意味では、図書館にとっては、この十年は、上昇の時であり、サービス向上の時期であったといえます。図書館と並んで、文庫のほうも、この十年、数はほぼ横ばいか、あるいは少し増えた程度と思いますが、まずまず順調に活動を続けてきました。各地の文庫連絡会に見られるように、活動の組織化も進みました。こうして、子どもが本とふれることのできる場は、着実に私たちの暮らしの中に根を張っていったように思います。

さて、その図書館や文庫で扱っている本は、すべて出版社から生み出されてくるわけですが、その出版界では、この十年、どんな動きが見られたでしょうか。非常に大ざっぱな、見た目の印象からいうと、読む本より見る本が増えた、ということがいえるのではないでしょうか。雑誌はもちろんのこと、本も、グラフィックなものに力点がおかれたものが多くなってきました。そのために、たとえば本屋さんの店頭なども、ずいぶん感じが変わってきました。以前は、本屋というと、何かそこへ入るとちょっと気分が落ち着く。目先のことでなく、もう少し遠いところへ心が運ばれる、という雰囲気があったと思うのですけれども、今はそうでもありません。

実は、この間の日曜日、ある本屋さんに行きました。何年か前にそこにお店ができて以来、いつもバスの中から見ていて、一度は行ってみたいと思っていたのですが、その機会がなかった。それが、たまたまその近くに用ができたので、きょうこそはと思って行ったのです。ところが、パッと入ったとたんに、パッと飛び出したくなった。というのは、店いっぱいにものすごい音量でラジオが響きわたっていたのです。それは、歌手らしい若い女の子が、ファンの手紙にこたえている番組でしたが、ケタケタした声で、茶化したようなもの言いをしている。それが大きな音でワァーッと耳に入ってきて、そして目に入るものはといえば、棚いっぱいの、色あざやかな雑誌、それに、どれもこれも似たような派手なつくりの実用書です。ですから、店に入ったときの感じが、目はチカチカ、耳はクシャクシャというふうだったんですね。だからすぐ出たくなりました。

二階は違うのかしらと思って、二階にも行ってみたのですが、そこはまた階下よりもやかましい音楽が鳴っていて、いわゆるワークブックとか問題集とかそういうものがズラーッと並んでいて、その横に蛍光塗料のような色をいっぱい使って印刷した子ども向けの雑誌が山と積んである。で、ここもあわてて出たくなりました。どういうものか、レジのわきに、岩波文庫を平積みにしたコーナーがあったので、そこで文庫本を三冊買って、ほうほうの体で逃げ出したのですが、本屋さんも変わったなと思いました。

昔は、本屋というと、何か精神世界のものを扱っているという感じがあったと思うのです。でも、今は、内容とか、精神とか、思索とか沈黙とか、そういうことばと結びついた雰囲気のある本屋さんは少なくなってきました。およそ、そういうものとはかけ離れた、もっと華やかで、軽くて、通りいっぺんの場所になっている。商業主義というのがぴったりの雰囲気ですね。

それで、私、ときどき思うのですが、本屋さんがこんなふうになってくると、今の子どもたちが、本とか、本屋さんに対して抱くイメージもずいぶん変わるだろうな、と。中に入ると、何かそれだけでちょっと大人になったような、少しえらくなったような、そんな気がするとか。あるいは、逆に、まだまだ自分の知らないことがうんとある、という気がして、少し厳粛な気分になるとか。ちょっと偏屈そうなおじさんがすわっていておっかないとか。本はただ背中を向けて並んでいるだけだけれども、何かそれがこっちに向かって話しかけてくるような感じがある。そういうものが聞こえる静かな空間がある……それが本屋だ、というような印象は、おそらくもたないでしょうね。感じとしては、スーパーマーケットなんかとあまり変わらない印象をもつのかもしれません。だから、本というものも、他の使い捨ての消費財と変わらないと思うようになるのでしょう。

実際、本屋の店頭のパッと見た感じによくうつし出されているように、この十年の間に、出版は、全体として軽くなり、ヴィジュアルなものがどんどん強調されるようになってきました。子どもの本でもそうです。全体の中で、絵本の占める割合が非常に高くなりましたし、知識の本でも、写真をふんだんに使ったものが多くなりました。印刷技術は、どんどんよくなりますから、見た目の美しさとか、珍しさとかいう点では、子どもの本も、ずいぶん世界が広がったという感じがします。

ただ、読みものとして腹ごたえのあるものということになると、話は別です。現在、少し規模の大きい図書館の児童室に行って、本棚に並んでいる本の中から、読みごたえのある本、つまり読むのに多少努力はいるかもしれないが、読後長く心に残るものがある、という本をピックアップしていったとしたら、それらの本は、十年以上前に出版されたものがほとんどだ、という結果になるのではないでしょうか。読者に熟読玩味することを要求するような本は、あまり出されなくなった。ちょっとした情報源として利用したり、その場限りのたのしみとして読み流すにはけっこうだけれど……という本が多くなった。この十年の出版を見ていて、そういう印象を受けます。

さて、図書館は増えて、子どもへのサービスにも力を入れはじめた。が、出版のほうは、点数も種類も多くなってはいるものの、内容の軽いものへと傾いている、という状況の中で、肝心の読み手としての子どもはどうでしょうか。この十年、文庫や図書館で、おそらく一番の問題とされてきたことのひとつは、子どもが大きくなると本を読まなくなる、図書館に来なくなる、ということではないでしょうか。それも、最初のうちは、中学二、三年になると来なくなる、といっていたのが、中学に入ったらもう来ないとなり、こんどは、小学校五、六年になると来ないというふうに、どんどん年齢が下がってきて、たのしんでやってきて、一所懸命読んでいるのは、ほとんど年齢の低い子どもたち、という状況になっています。

そして、出版の傾向と表裏の関係にあるのでしょうが、子どもの側にも、熟読玩味するといった読書姿勢がだんだんなくなってきました。先日も、文庫で子どもたちを見ていて感じたことなのですが、こぐま社から出た『川』*という絵巻絵本がありますが、それを子どもたちが見ている。これは、字のない絵本ですが、たしかに子どもたちは喜んで見ているんです。でも、その様子をよく見ていますとね、屏風折りになったこの本を、どんどんのばしていって長くなったということだけを喜んでいて、それをたたんでもとに戻したらそれでおしまい、という感じなんですね。絵を見て、その中に自分で何かを発見して喜ぶというんじゃないんです。

平凡社の『えほん百科』*というのがありますが、大きな本で、絵巻絵本と同じように、こまかい絵が見開きのページいっぱいにびっしりかいてあるものです。それを、昔の子どもは、よくながめたものでした。絵の上に頭を寄せ合って、長いことあきずにながめていました。そして、大人なら気づかずにすぎるようなこまかいところをあれこれ見つけては、うれしそうな声をあげていたものです。絵の本ではありますけれど、子どもたちは、それを読んでいました。今の子どもたちが、『川』を見ているのとは違います。

子どもたちが本を広げている様子は、外から見れば、今も昔も変わりません。喜んでいる様子も、知らない人には、まったく同じに見えるでしょう。けれども、十年、二十年と子どもたちを見てきた者の目には、そのたのしみ方の浅さ、深さが見えてしまう。今の子どもたちは、本の中に入り込むということをしなくなっている。本とのかかわり方が、どうも通りすぎるというかたちになっている。そんな気がしてならないのです。ですから、さっき、熟読玩味することを要求するような本はあまり出版されなくなってきたといいましたが、熟読玩味する子も減ってきて、図書館でも熟読玩味しなければならない本は、あまり借りられなくなっているというのが現状であろうと思います。

せっかく図書館の数も増え、児童サービスも盛んになってきたというのに、これは、なんという皮肉でしょう。子どもたちにとっては、この十年は、自分から本に働きかけて、本から何かをつかみとっていく、そういう姿勢や、力や、ゆとりを次第に失っていく、そういう時期だったのです。もちろんこれは子どもの責任ではありません。世の中が、時代が、子どもたちからそれを奪ったのです。そして、私たちは、子どもたちのためにと願ってしてきた仕事が、十年続いたことをお祝いするために集ってきたその場所で、そうした子どもたちの状態を嘆かなければならないというジレンマに陥っているのです。

ところで、私は、今、ここで、子どもが本を読めなくなった、子どものものごとへのかかわり方が弱くなった、「子どもが……」「子どもが……」といっておりますけれども、実は、それは隠れみのなのかもしれなくて、ほんとうは、「自分が」というべきなのだという気がします。外の十年はさておき、自分の十年、それも自分の内部の十年ということを省みてみますと、ある意味では、自分も衰退していると思わずにはいられないからです。みなさんはいかがでしょうか、十年前と比べてごらんになって。もちろん年をとるということはありますから、それはしかたないとしても、私自身のことを考えてみますと、十年前と現在とで一番違っていることといえば「疲れている」ことだ、という気がするのです。私のこの十年に区切りをつけることばは「疲労」だと。

ですから、私自身本を読むことを仕事にしていながら、なかなか本が読めない状態にあります。読みたい本がないからではない。本はたくさんあります。自分で買ってもおります。読もうという気も、もちろんあります。で、何度も読みかけはするんですけれども……なんというか、それが、自分が読みたいと思ういい作品であればあるほど、その作品を読むのに必要な集中力というか、体力というか、精神力というか、つまり活力のようなものが自分に不足している、と感じる。もし、自分が、このままの状態で読み続けていけば、この本に書いてあることを、すっとなめては通るかもしれないが、この本としっかり向き合って、四つに組むというか、格闘するというか、そういう読み方はできないな、と思う。そして、もし、そういう読み方ができないとすれば、この本を、今、読むべきでない、と。そう思って、やめてしまうことが多いんですね。ですから、それこそ軽い、どうということのない本なら読めるけれど、これぞと、鉢巻きをしめて読みたいという本には手が出せなくなってしまう。

本を読みかけて、うん、うん、こう……というように本の中に入りかけたら、電話が鳴る。ちょっとやめて、あれをしたり、これをしたり。明日のために、しなければならないことがあるから、それをさきに片づけて、それからまた本に戻って……というようなことをしていると、もう切れ切れになってしまって、見えるべきものも見えてこない、ということになるんですね。ものごとには、やっぱり集中して、つなげていって初めて見えてくることがあると思いますから。ここで読み、あそこで読み、では駄目という場合があると思うのです。

私の甥に、哲学をやっていて、デカルトを勉強しているのがいるのですが、その甥が、おもしろい話をしてくれました。翻訳をするときに、よく日本人は、関係代名詞を、「何々であるところの……」というふうに、うしろからもってきて前のことばにかぶせて訳すことがありますね。でも、それは、ああいうふうにしてはいけないんだ、頭の中に、考えが生まれてくる順序や道筋を逆転させることになるんだから、というようなことを話題にしていたときのことですが。フランス人と話をしていると、あることばをいって、それから相当の時間が経過してから、それこそ十何秒もたってから、そのことばに関係代名詞をつけて話を続けていくことがあるというのですね。で、その時間、その人は、頭の中でめぐるしくいろいろのことを考えているわけです。そして、その考えにひとつの筋道がついたとき、ことばになってそれが出てくる。

そういう経験をして、改めてデカルトの文章に向き合い、関係代名詞でつながっている文章の、関係代名詞以下の句とそれを受けることばとの間に流れた時間を想定し、その間に彼がたどった思考の道筋をさぐる……といった読み方をすると、とてもおもしろいというのですね。

まったくそうだと思うんです。作家が文章を書くときには、ひとつの考えや情感の流れがあるわけですから、ことばとことばの間の空白の部分にも、それがあるわけで、集中して読む読者には、その空白を埋めているものが、やっぱり感じとれるのではないでしょうか。そして、そのおかげで、ことばがつながっていって、自分の中にストン、ストンと落ちていく、そういうことが「読む」ということだろうと思うのですけれど、あれをやり、これをやりしながら、ポツン、ポツンと読みますと、それができませんね。この「空白をつなげている何か」は、ひとつのことばと次のことばの間にもあるし、ひとつの文章と次の文章の間にもあるし、ひとつの文節と次の文節の間にもあるわけですから、本によっては、それを続けて読んでいかないと読めないというものもあるのではないでしょうか。

その種の本を、そういうふうに、妨げられずに追って読むゆとりが私になくて、あるいは、時間的にゆとりがあるときでも、気力がなくて、なかなかまともに本が読めないというのが今の私の状態です。ですから、熟読玩味しなければならない本を読めないというのは、子どものことではなくて、実は私自身のことなのです。

ただ、私の場合、今でこそこういう状態ですけれど、子どものときはそうではなかった。ダーッとうち込んで本が読めた。若いころもそうだった。その体験、そして、そうやって読んだ本が自分の中にもたらしてくれたもの、それが今でも、自分を支えてくれていることを感じます。だからこそ、今の子どもたちが、子どものときにそういう読み方の体験、本の中にたっぷり入り込んだときに味わう深い充足感を知らずに大きくなるのではないかと思うと、残念でしようがないのです。

子どもたちも、私たちも、同じ時代に、同じ空気を吸って生きているのですから、子どもたちに起こっていることは、私たちにも起こっています。子どもたちが、むしばまれているとすれば、私たちもむしばまれているのです。

私は、今の子どもたちが、本と深くかかわりにくい状況になっているということは、ひとつには、子どもがことばに対して抱いているイメージが薄く、ことばというものが子どもにとって軽いものになっているからだ、と考えていますが、そういう私にも同じことが起こっていることを感じています。ことばの目減り現象といいますか、ことばがそれなりの重さをもって自分に響いてこないということですね。そして、そういう私にとって、ことばのもっている力を感じさせてくれ、ことばに対する信頼を回復させてくれるもの――それが、きょうお話ししようと思っている「お話」、つまり、物語を活字によらず、声に出して、相手に向かって語ることなのです。

さきほど述べましたように、ここ数年、私は、たっぷりと、またしっかりと本が読めるという状態にはありませんでした。しかし、「お話」は聞けたし、語ることもできた。そして、お話を通して、人から発せられることばが自分を動かす事実や、自分の出すことばが相手に届く手応えをくりかえし体験して、ことばがことばだけで、ある世界をつくり出すことや、ことばが人と人とを結ぶ働きをすることを身にしみて知ることができました。

私にそうだったのですから、おそらく他の人にもそうだろう、子どもたちにもそうだろう――つまり、物語を語り、聞くことが、さらにいえば、ことばを声で受け渡しすることが、今日の私たちの衰弱しかかったことばの力を回復し、薄くなりかかったことばへの信頼をつなぎとめるのに役立つだろう、と。そのように信じて、きょうの話をさせていただくわけです。とくに、ことばを活字でなく音声、もっとはっきりといえば肉声で受けとめることの大事さと、そういう営みを子どもに向けてすることの大事さと、このふたつの点についてお話ししたいと思います。

ことばと受け手の関係

みなさんもご承知のことで、まったくわかりきったことですが、ことばは、最初から文字としてあったのではありません。初めは音声だったわけです。私たちの声、私たちが出す音だったわけです。この地球上には、今でも、文字をもたずに、音声だけで言語生活を営んでいる人たちもいるわけで、東京外国語大学のアジア・アフリカ言語文化研究所の川田順造さんとおっしゃる方が、西アフリカのモシ族という、文字をもたない社会の人たちの中に入って、何年かそこで生活された経験をもとに『無文字社会の歴史』*をはじめ、何冊かの本をお書きになっていますし、『サバンナの音の世界』*というレコードもお出しになっています。そこで紹介されている文字をもたない人の暮らしは、私たち「お話」をしている者から見ると、たいへんおもしろいことが数々あるのですけれども、そのように、今でさえ、文字によらず、音声だけでコミュニケーションを行って暮らしている人々がいるのです。

それはさておき、私たち人類は、いったいいつから地球上に生きていたのか、いつごろからことばを使うようになったか、はっきりしたことはわかりません。おそらく何十万年もの昔でしょう。集落をつくって、ある程度人間らしく（？）暮らしはじめたのも、二万年とか、五万年とか、今の私たちの時間の感覚ではとらえきれないくらい昔のことでしょう。そして、ことばの歴史は、人間の歴史と同じに古いと考えられています。

ところが、文字の歴史ということになると、私たちがかたちに残されたものによって知ることができる限りでは、紀元前三千年とか、五千年とか、せいぜいそのあたりがはじまりと見なされています。しかし、それは、印刷された文字ではありません。石や、土や、皮や、竹の上に彫り刻まれた文字でした。それから、紙がつくられるようになり、その上に文字が書かれるようになりますが、それは、最初はすべて手書きでした。

それから、十五世紀になって、ご存じのグーテンベルクの印刷術の発明というのがあって、書物の歴史の上では、一大革新が起こるわけですけれども、それにしても、そのころの書物の発行点数や、部数は、今とは比較にならない少なさであったと思います。そして、一方の読み手のことを考えてみても、当時、自由に読み書きのできる人は、ほんのわずかの限られた階層の人だったと思います。一般の人は、けっして印刷された文字に頼って暮らしていたわけではありませんでした。情報を手に入れるのも、文学——詩や物語——をたのしむのも、人間の声によっていたと思います。

一般の人が、容易に印刷物を入手して、活字から、情報やたのしみを受けとるようになるのは、それからさらに三百年から四百年下ってからのこと。産業革命が起こり、紙や印刷機械が大量に生産されるようになり、一方、初等教育が普及して、一般の人がだれでも字が読めるようになり、同時に、流通機構といいますか、印刷物が人の手に渡る仕組みもできるというような、さまざまの条件が整わなければならなかったのです。そういう条件が揃ったのは、考えてみますと、たかだかここ百年から二百年のことなんですね。五万年のうちの百年。つい最近のことなんです。

それまで、人間は、ずっと声に頼って暮らしてきたし、ことばといえば、とりもなおさず声だったわけです。それが、歴史的に見て、一番普通のことばのあり方であって、現在のように、活字に頼る、本に頼るという状態は、むしろ非常に特殊な状態なんだ、ということを、まず認識していただきたいと思います。私たちは、まわりに印刷された文字があふれている社会に生まれてきて、ひとり残らず教育を受けて、活字から何かを吸収するということをなんとも思わず暮らしている。文学ということに限っていえば、活字がほぼ百パーセント伝達の手段になっている。けれども、それは、長い人類の歴史から見れば、けっして当たり前のことではないんだ、ということですね。

音声としてのことばによる娯楽ということになると、日本の場合、まだ寄席などが生きていて、落語は、本で読むより、耳で聞く人のほうが圧倒的に多いでしょう。しかし、その他の文学作品は、全部活字ですね。本来、うたとして、音楽の要素が主になっている詩でさえ、それをもっぱら朗読、朗誦によってたのしむという習慣は、もはや私たちの中にはありません。小説には、映画化、テレビドラマ化ということがありますが、受けとる側では、本とそれとは、かなりはっきり別のものととらえています。映像を媒体にしたものと、ことばによるものとは違うからです。

けれども、長い長い間、音声によってことばの文化を保ってきた人間が、活字にその座をゆずるのは、そう簡単なことではなかったらしく、受け手はともかく、書き手のほうは、かなり戸惑って、抵抗したらしいことが、ある方の論文に、おもしろく書かれていました。それは、清水一嘉という方の「作者にとって読者とは何か*」という論文で、最初「エディター」という雑誌に発表され、のちに『作家への道——イギリスの小説出版』という本に収められているものです。

これは、もちろん題の示す通り、作者と読者の関係を論じた論文なのですが、ここでは「お話」に興味があるので、その立場から——少々強引に我が田に水を引きながら——読んでみたいと思うのですけれども、まず、文学作品には、必ずつくり手と受け手がある。現在では、それは、「作者」と「読者」というかたちになっているけれども、初めのうちは、それは、「話し手」と「聞き手」というかたちだったという指摘があります。

話し手と聞き手という関係では、両者は、非常に親しいわけで、あるときは聞き手であった者が、こんどは話し手にまわるというように、立場が逆になることもある。話し手には、いつも聞き手の顔が見えていて、おそらく聞き手に影響されて、作品が変化していくということもあったでしょう。今だって、私たちが子どもにお話をしてやるとき、主人公が危険が待っているとも知らず、ある場所へ行こうとする……などという場面になると、子どもたちが首を振って、「行っちゃだめ、行っちゃだめ！」というような意思表示をすることがあります。その場で、自由にお話がつくれるものなら、子どもたちの期待にこたえてやりたいと、私たちでさえ思いますから、そういうことは、物語が受け継がれていく過程で、いくらでも起こったでしょう。その意味では、聞き手＝受け手も、作品をつくる行為に参加していたのです。今日、昔話と呼ばれる伝承的な作品は、みんなこういう語り手と聞き手の共同作業が、何世代にもわたって営まれた結果だといえるのです。

さて、そうした口誦文学（清水氏は、「口承」という字は使っていらっしゃいません）の時代のあとには、手書きの文字、写本の時代が来る。そして、そのあとに活字印刷の時代が来る、というのですが、印刷が発明されたあとでも、作品のつくり手と受け手の関係は、そう急には変化しなかった、と清水氏は述べておられます。これは、イギリスの場合ですが、十八世紀までの文学は、詩や、演劇が主で、活字をあまり必要としなかったからでもあろうとのことです。この時期、つくり手と受け手は、社会的にはかなり閉鎖的な共同体の中にいて、作品でも互いに暗黙のうちに理解し合えるといった部分が多くて、両者は、まだ口誦文芸の時代に合ったような共同体意識をもち続けることができたのです。

清水氏によれば、両者の関係に重大な変化が起きたのは、十八世紀の初めで、このころ初めて、作者の目の前から読者がいなくなった、つまり、文学作品の受け手が、はっきり「読者」になったというわけです。そして、おもしろいことには、このことが、詩と演劇中心の文学が、散文、つまり「小説」中心のそれへと移っていったことと重なっているわけですね。

そして、小説の作家にとって、「未知の」読者を相手に創作をするということは、かつて経験したことのない、新しい冒険であったに違いない、と清水氏はいうのです。その証拠に、十八世紀を代表する三人の小説家が、それぞれ眼前にはいない読者と「知的情緒的関係を取り戻す」ため、さまざまの工夫をこらしているとして、リチャードソン、フィールディング、スターンの例をあげています。

それは、たとえば、リチャードソンの用いた書簡体小説という形式。手紙というものは、非常にパーソナルなものですから、それを読む者は、まるでそれが自分に向けて書かれているような錯覚に陥り、それに対して自分が返事を書くような気持で読み進む。事実、「クラリッサ」という小説では、主人公の運命を気づかった読者が、たくさんの手紙を作者に送り、中には脅迫状を出す人までいたということです。こうなれば、読者は、たしかに作者にとって近くなりますね！

あるいは、フィールディングは、作中で、直接読者に話しかけるという手法をとったし、スターンは、本の中に、黒塗りやブランクの頁を用意して、そこは読者が好きなように埋めればよいなどといったりしたそうで、これは、どれも、作者が、読者が見えないことの心もとなさをなんとか克服して、読者とのつながりを失わずにいようとする努力のあらわれだと清水氏は述べています。

今でこそ、私たちは、小説を、別に作者と自分との個人的な関係などは抜きにして、ただスラスラと読んでいますけれど、そして、書くほうも、別にだれが読んでくれようと、特定の読者を思い浮かべることなしに、スラスラと——かどうかわかりませんが！——お書きになっているわけですけれど、作者と読者が切り離されるということは、ことに書き手の側にとっては、たいへんなことだったんですね。

それに対して、読み手の側も、個々に、ただ黙って読むというのではなく、ひとりが朗読してそれを何人かの人がいっしょに聞くという読み方が、十八世紀には広く行われていたといわれます。よく映画などで見ますよね。髪を高く結いあげて、すそのふくらんだ長いスカートをはいたご婦人方が、ほの暗いランプの下などで刺繍をしていたりして、中のだれかが、本を読んでいて、みんながそれを静かに聞いているといった情景。

朗読という形式は、いわば、作者と読者を読み手（作者の代理）と聞き手の関係に戻して作品を味わうことだといえます。清水氏は、朗読の習慣は、十九世紀に至るまで続いていたといい、リチャードソンの小説「パミラ」を手に入れた鍛冶屋が、村人たちにそれを読んで聞かせたところ、村人たちは主人公パミラが結婚したところまでくると、有頂天になり、教会に駆けつけて喜びの鐘をうち鳴らしたというエピソードなどを紹介しています。

当時の小説にくりかえしや、日常の瑣末《さまつ》なことの描写が多いことなどは、朗読されることを前提にしていたからだと、清水氏は指摘しています。ディッケンズの小説にしても、今日の小説に比べると、まるで活劇を見るごとく、といいますか、非常にイメージしやすい、ということなども、声に出して読まれる場合の効果を予想していたのかもしれませんね。

少し横道にそれますが、このようにして作家が読者から切り離されていって、小説を書くという行為が、いわば密室で、自分とだけ向き合った状況で営まれることになってきたから、小説の内容も変わってきたのでしょうね。目の前に聞き手がいて、泣いたり、笑ったり、さまざまな反応を示すということになると、やはり常にその人たちの存在を考慮に入れなければなりませんから、題材の選び方も、表現のスタイルもそれに合うようになります。ところが、まったくプライベートな作業になれば、当然、書く人の関心は、内面的なものへ向かうということになって、その結果、人間生活の、これまで秘められていた部分が描き出されるようになった。性もそのひとつでしょう。人間の意識の奥深いところへ入り込んで、そこで起こることをことばでとらえようとする試みも出てきます。

そして、実は小説がそういうふうに変化したことが、児童文学を別のジャンルとして成立させることにつながっていったといえそうです。人間の心の内部のこまかな動きや、性を中心にした作品は、人生経験の少ない子どもにとっては理解できない、たのしめないものですから、子どもには別の作品をさし出してやらなければならなくなった。十九世紀の中頃を境にして、大人と子どもの文学の枝分かれがはっきりしてくるのは、そういうことだったといえそうです。

話をもとに戻しまして、要するに、文学をたのしむ方法が、何人かの人間がひとつところにいて、作者か、それに代る人が声を出して作品を語る（読む）のをみんなして聞くというのから、作者はひとりで書き、読者もまたそれをひとりで（声を出さずに）読むというところへ変わったのは、ごく最近のことであって、本来のかたちは声による表現にある、ということを強調したいのです。

語られたことばがもたらすもの

さて、こんどは、同じことを、ひとりの子どもの場合を例にとって考えてみたいのですが、子どもも、やっぱり最初は、ことばを音声として受け入れます。文字を学んで、活字からことばを吸収するのは、そのあとのことです。このごろでは、文字の学習がずいぶん早くから行われていて、三歳くらいからもう文字を読む子もいます。私は、それをあまりいいこととは思いませんけれども、その問題はここではさておき、ことばの習得は、「さまざまの事物のイメージや概念にまずことばの聴覚イメージが結びつき、次いで視覚イメージとしての文字がこれに結びつくというように進むのが普通である」とだけはいえましょう。これは、守屋慶子さんという方の書かれた『心・からだ・ことば*』という本の一節ですが、この本の中で、著者は、「文字を読み始めたばかりの幼児は、発声して読むことを禁じられると内容の理解に支障をきたす。また発声して数えれば解る物の個数が発声しない場合には解らない」といった例をあげ、幼い子どもには、音声を発することや、それを聴くことが、意味の理解や、思考の上で大事だといっています。

私たちが音声を発するときには、発声器官を動かす命令が、脳から発せられるわけですけれど、それが神経を伝わって、発声を司る筋肉にまで届く。このときの筋肉の動きを、そこに電極をあてて筋電図というのにとって見ることができるのだそうですけれども、私たちが黙ってものを考えたり、文章を黙読したりしているときでも、筋電図には発声しているときと同じような変化があらわれるそうです。大人と子どもを比べると、大人のほうが変化が小さいということや、むずかしいものに比べて、やさしいものを読んでいるときには変化が小さいということもわかっているそうです。

文字を読みとるとき、使うのは目だけかと思っていましたが、実は、発声器官も中で動いているのですね。そして、目だけではわからないとなると、幼い子の場合のように、実際声に出してみて、その声を聞いて理解するという方法をとる。私たち大人でも、ひらがなやカタカナばかりで書かれている文章を読むときには、同じことをやりますよね。「はなのののはな」は、声に出すと「花野の野の花」だとわかるというように。

私の申しあげたいのは、人間の歴史でも、音声としてのことばの体験の上に、文字が出現したように、ひとりの人間の言語習得の過程の中でも、声を聞くこと、声を発することが土台になって、その上に文字の理解が来るということなんです。ということは、わたしたちが、本に活字として記されていることばを、声にして語る「お話」というのは、ことばをもとのあり方に戻す、その基本に帰す営みだということができるのではないでしょうか。そして、私が思いますのに、いったん活字になったものを、逆にもう一度声に戻すという作業は、それをする者にも、またそれを聞く者にも、さまざまな副作用——よい意味での——をもたらすのではないでしょうか。

たとえば、読むということについて、音読と黙読を考えてみますと、まず第一に、音読は、ずっと時間がかかります。目で読むことに習熟した大人は、いっときにパッと三行くらいは目に入れてしまいますし、拾い読み、斜め読みといったこともできます。けれども、声に出して読むときには、そうはいきません。時間がかかる。けれども、時間がかかるからこそ、そのために起こることもあります。ちょっと実験してごらんになるとわかることですが、ある種の文章は、音読したときと、黙読したときで、イメージが違ってくることがあります。音が喚起するイメージということも、もちろんありますけれど、単に読むスピードが落ちるということからだけでも違ってくるものがある。時間がゆっくりしたぶんだけ、頭の中でいろいろなことが起こるからでしょうね。

また、もうひとつ。声に出して読むことで非常にいいと思うことは、人間の声がとても正直だということです。ある種の文章は、それを声に出して読むことによって、自分の中から活力がひき出されてきて、読み終ったときに疲労が癒される。ところが、別の文章は、読んでいるうちにだんだん張り合いがなくなってきて、疲れてくる……。それほど声というものは、正直なものだと思います。声に出してみると、そのことばの背後にしっかりしたイメージがあるかないかということがわかってくる。嘘くさいものは、かなりはっきりわかります。

ですから、私は、朗読とか音読が、もっと盛んに行われるとよいと思います。子どもだけでなく、大人にも。そして、たとえば、図書館で選書をするときなど、フィクションでも、ノンフィクションでもかまいません。冒頭の一節をだれかが音読して、それを他の人が聞いてみるというようなことをしてもいいんじゃないでしょうか。それだけで、かなりのことがわかるんじゃないかと思います。音声にするということは、ことばのもっている本来の姿を洗い出すという働きをするのではないでしょうか。

それから、また、音声としてのことばは、活字として目から入ってくることばと違って、私たちの深いところに訴えてくる。情動を刺激する、ということがあります。心理学者の小川《おがわ》捷之《かつゆき》さんは、子どもに昔話を語ることの意味について述べた中*で、最近盛んにいわれるスキンシップというのは、ふれるとか、抱くとかいう身体感覚を通して安定感を得ることだが、人の声を聞くというのも、基本的には身体感覚だ。お母さんの声を聞くと、お母さんにさわられている感じがする。声というのは、鼓膜を動かすわけだから、一種の身体感覚なのだ。子どもは、語ってくれる人の声を聞いて、ある種の身体的満足感、安定感を得るものだ、といっていらっしゃいます。

また、失明寸前のところを手術によって劇的に視力を回復された作家の曽野綾子さんは、その体験から、目は理念のとり入れ口で、耳は情のとり入れ口だ、と述べていらっしゃいます。従って、もちろん、目で読むのに適した本というのはあるわけで、知的な、抽象的な事柄を扱ったようなものは、文字で読んだほうがよいでしょう。しかし、ここで問題にしている「お話」は、物語、文学作品ですから、声にして、心の奥に届けるのがより自然だといえるのではないでしょうか。

また、本来語り伝えられてきた物語が、活字になったところを考えると、そこには、ずいぶんいろいろなものが切り捨てられていることを思わずにはいられません。つまり、語りの場のもつ雰囲気や、語り手と聞き手の共同体意識、そして、語り手の人間味や、声の抑揚、顔や身体の表情など。活字は、そういうものをみんな落としたあとの骨のようなものです。

だから、ある人が、それを声に出して語るということは、少なくとも話に語り手の人間という肉を加え、血を通わせることだといえないでしょうか。それだからこそ、語られたお話は、活字にはないおもしろさがあるのです。ここにいらっしゃる方は、おそらくみなさんそういう経験をおもちでしょうが、自分がすでに読んで知っていた話を、だれかが語るのを聞いて、「あれ、これはこんな話だったのか」と、びっくりすることがありますね。どうして読んだとき、そういう話だと思わなかったのか……。それは、ことばというものが、人をくぐり抜けて出てくるときには、活字に還元されるものの他に、ずいぶん多くのものを運び得るからだと思います。

つい先週も、山形で「お話」の勉強会をしましたときに、ある小学校の先生が、自分の三年生のクラスの子どもたちに、「ちいちゃい、ちいちゃい」*というお話を読んであげたというんです。ところが、最後に「もっていきな!」といったところ、子どもたちが、「なあに、それ? しらけたぁ」といったというんですが、どうしてそういったんでしょうと聞かれました。私も困りましたが、私がその場でその話をして、「もっていきな!」といったら、その先生はびっくりなさって、すぐ「あっ、わかりました!」と。

つまりダーダーダーダーという調子でなんのメリハリもなく読んでも、スピードや声に緩急や大小をつけて、ドラマチックに読んでも、活字に還元してしまえば、どちらもまったく同じです。ところが、話によっては、この「ちいちゃい、ちいちゃい」のように活字になっている部分より、むしろなっていない部分におもしろ味がある話もあるのです。間《ま》や、呼吸、声の表情などによって生じるおもしろ味ですね。活字の大小で、少し工夫されても、活字を見ているだけでは、その効果はわからないでしょう。

イギリスのすぐれた「お話」の語り手であるアイリーン・コルウェルさんは、このことをたしか「お話」は眠って(活字となって)いることばを起こして動きまわらせることだというふうに表現していらっしゃいました。ことばがもともと伴っていたものを取り戻すことだといってもいいでしょうし、ことばに語り手の人間味をつけ加えることだといってもいいでしょう。

お話を語るとき、語り手が話の中に入れば入るほど、それは語り手の全人間的行為になるので、恐い話なのに、顔だけニコニコすることはできないし、ふざけた話をするのに、顔はコチコチということもない。お話につれて、顔の表情、からだのそぶり、声の調子、息のしかた、何もかもがいっしょに動く。そして、それらのことば以外のメッセージが、聞き手のところへそのまま届く。

同じ山形で、こんな質問も出ました。実は、自分はおもしろくて、子どもにもしてやりたいと思う話があるのだけれども、ずるがしこい人が成功するという話なので、道徳上どんなものかと気になるんだが……というのです。

私は、もしその話が、単にずるがしこさをすすめるだけの話だったら、今日まで生き残ってきただろうか、考えてみてほしいといいました。昔話の中には、一方で正直であったが故に幸運をつかむ人の話があるかと思うと、もう一方で、ずるい奴がうまくやる話もある。

たいていは、からだの小さい者が、大きい者を知恵で負かすという場合が多いのですけれども、そうでない場合もある。でも、生きていく上で、かしこく、相手によっては、ずるがしこく立ちまわらなければならないことだってありますよね。昔話は、そういうことを、教条的でなく、幅広く扱っていると思います。

ところで、たとえずるがしこさが勝利をおさめるという話だったとしても、それがだれによって、どんな場で、どんなふうに語られるかによって、聞き手に与える効果というものは、ずいぶん違ってくるのではないでしょうか。これは、國學院大学の野村純一先生からうかがったことですけれども、日本の語り手たち――いくつものお話を語れるおじいさん、おばあさん――の中には、その村落共同体の中で、精神的なリーダーというか、現代社会でいえばカウンセラーのような役割を果す人が多かったろうというのです。その人たちは、その村なら村で、みんなに知られてもいるし、尊敬もされている。そういう信望のある人が、ずるがしこい人がうまいことやったという話をしたとしても、聞いている人がそれを額面通り受けとることはあるまいと思うのですね。だから、逆に話としておもしろく聞けるということもある。話には、それを成立させた場の要素も考えなければならないというわけです。

活字になった物語は、いわばその文脈から切り離されています。語ることは、新しい文脈の中にその話を生きかえらせることでもあるのです。

子どもが「お話」を聞くことのひとつの意味は、語りのうちに、活字に還元されることばプラスアルファを受けとることにあります。ことばというものは、そのまわりに、あるいは背後に、あるいは奥に、そのことばを生み出したイメージがあり、そのことばを押し出してきた力があるということを、子どもたちに感じとってほしいと思います。語り手が、そうしたイメージをもって、そうした力を感じつつ語ることによって、それができると思います。そうすれば、こんど子どもがひとりで活字に向かっても、そこに書かれていることばが、やっぱりそれを生み出したいという衝動があって出てきたものであり、それをたのしいと思う気持に支えられて、あるいは、それを美しいと思う心に裏づけされて、つまり背後になんらかの内的な必然性があって書かれているのだということを、より鋭敏に感じとるようになるでしょう。そういうかたちで、「お話」は、子どものことばの内容を豊かにするのを助けると思います。

もうひとつ、「お話」が子どものことばを育てる上で大事な働きをしていると思われるのは、ことばの中にある音楽を感じさせるといいますか、ことばの音としてのおもしろさを知らせるという点です。物語、ことに昔話の中には、くりかえしとか、うた、となえ文句、おまじないなど、耳で聞いて快い、印象に残る部分がよくあります。幼い子どもは、とくにそういう個所を喜び、くりかえし聞きたがるし、自分もおぼえて唱和したりします。

幼い子どもは、必ずしもことばを意味と結びつけて受けとることをしないので、むしろことばには意味がなければいけないと思っている頭のかたい大人より、ことばの中の音楽的要素に対して感覚が鋭敏だと思います。ですから、この時期にこそ、わらべうたや詩と並んで、韻律をもったことばによるお話をたくさん聞かせてやりたいですね。それは、子どもの語感を磨きますし、母国語への愛着も育てます。子どもにとっては、そういう美しい、おもしろい、耳に快いことばが、自分の一番近しい、大好きな人の口から語られる、ということがいいんだと思うんです。大好きな人から聞くから、また、たのしい思いを味わったから、美しいものとして心に刻まれていく、ということもあるでしょう。

私がこのことを、とくに強調したいのは、今日の子どもを取り巻く言語環境を考えた場合、もし私たちが、意識的に、努力して、伝承的なわらべうた、昔話、また芸術的な創作活動の結果である詩、物語に子どもたちを出会わせてやろうとしなかったら、おそらく子どもたちは、どこでもそういうものにふれる機会をもたないだろう。そして、音声としてのことばということになれば、全面的に、テレビ、ラジオ、わけてもコマーシャルの影響下に育つことになるのだろうと思うからです。

さきほども、私が本屋さんで聞いたディスクジョッキーの話をしましたが、今日テレビやラジオで話されていることば——話の内容や、声や、しゃべり方など——については、もうみなさんよくご存じですね。ただなめらかなだけで薄っぺらな声、言わずもがなのことを馴れ合いでしゃべっているような対話、ふざけたような、何もかも茶化してしまうようなもの言い……そういうもので満ち満ちています。でなかったら、ニュースのような、人間味のあまり感じられないようなもの言いです。

その合間に、くりかえし耳を襲うのがコマーシャルです。コマーシャルがねらうのは、刺激でしょう。とにかく人をひきつけなければならない、注意を向けさせなければならない、というわけです。人をあおり立て、気持をかき立てる。ただそれだけです。そのあとどうするかということはありません。そのことについてじっくり考えるように要求するわけではありませんからね。むしろ、よくわからないけど、なんとなしにその気になって買ってしまう、というほうが宣伝する側としてはうれしいでしょう。

子どもがコマーシャルをいち早くおぼえてしまうのは、無理からぬことです。ひとつには、くりかえし、くりかえし聞かされるからですし、ひとつには、やはり音としておもしろいからです。わらべうたや詩と同じことです。ただ、そうやっておぼえた「おもしろい音としてのことば」が、内容として、商業主義、物質主義、金もうけ主義のようなものとしか結びついていかないとしたら、それは、やはり悲しいことだと思います。

それから、スピードの問題があります。今日のテレビ、ラジオのもの言いは、せかせかしすぎではないでしょうか。ひとりひとりをとりあげれば、ゆっくりしたしゃべり方をする人もいないではないでしょうが、全体として、あわただしいという印象を受けます。これは、ことばのスピードだけでなく、話題が次から次へと移っていく、そのスピードなども含めてのことですけれど。床屋さんとか、タクシーの中とか、ラジオがつけっ放しになっているところにしばらくいると、気分が落ち着かなくなってくる。呼吸が浅くなる感じがします。これはいいことではありませんね。

スピードというといつも思い出すのですが、中野重治さんのお書きになった『日本語実用の面』*の中に、堀田善衛さんが、聖書の翻訳について書かれたものを引用していらっしゃる個所があります。明治十四年の訳、文語体の訳、今日の口語体の訳と読み比べていってみると、「文体に内在する、暗黙の強制力をともなった速度、スピードがだんだん早くなつて行つている」というんです。そして、これはよくない、と。というのは、明治十四年訳の「イエスがお弟子たちにおふせられますに、汝曹《なんじら》はわれを誰であるといふか。ペテロがこたへてまうしますには、あなたはキリストでござります。イエスはかれらを戒しめて、わがことを誰にもはなすなとお命じなされました」という文章に対しては、読む側としても、「さようでござりますか」と会釈して次へ進むという姿勢になるけれども、現代口語訳の「そこでイエスは彼らに尋ねられた、『それでは、あなた方はわたしをだれと言うか。』ペテロが答えて言つた、『あなたこそキリストです。』するとイエスは、『自分のことをだれにも言つてはいけない』と彼らを戒められた」という文章に対しては、どうしても「ああ、そうかい」というぞんざいな受け答えが出てきてしまうからだ、というのですね。まったく、その通りだと思います。余談ですが、先日、朝日歌壇に「キリストはかくふにゃふにゃと告ぐるものか夜半に口語訳聖書ひとり読みつつ」という歌が載っていて、笑ってしまいました。

聖書の文章でさえ、このようなスピードアップが起こっているのです。他の文章でも、そして、もちろん話しことばにも、スピードアップが行われているでしょう。堀田さんがおっしゃっているように、スピードは、暗黙の強制力をもっています。私たちの、それに対する受け答えを規定する力をもっているのです。その意味で、子どもたちが、始終チャカチャカ、ケタケタしたことばにさらされていたら、ものごとを軽く、いいかげんに流していく態度をとるようになるでしょう。ことばによる問いかけに対して、真正面から向き合うという態度は育ちません。子どものことばを弱める働きは、こういうところにも見られるのです。

それからまた、音声として物語を聞かせればよいというなら、ラジオにも「お話」はあるじゃないか。レコードも、テープもあるじゃないか、といわれそうですが、残念ながら、私は、テレビやラジオの子ども向けの「お話」番組を聞いて、いいなと思ったためしがありません。ひとつには、例の子ども向けの特別の声です。甘ったれたような、ひどく人工的な。あれは、いやですね。

さっき声は正直だといいましたけれど、ああいう声は、人が本気になっているときにはけっして出さない声ですし、その人がふつうに大人と話しているときにも、ぜったいに使わない声ですよね。あんなつくりものの声を出すということは、とりもなおさず子どもを一段下に見て話している、誠意をもって話していないということです。そういうことが、ことばの力を低め、卑しめるのです。いつも、ああいうお子様向きの、不自然な声でしか話しかけられない子どもは、不幸だと思います。

今述べてきたような状況が、今日の子どもがその中で育ちつつあることばの環境だとすれば、そこで私たちが「お話」をすることの意味は、おのずとはっきりとしてきましょう。また、その「お話」がどんなものでなければならないかも。

私たちの「お話」は、全体として、ことばの力を回復させるような、ことばの信頼を取り戻すのに役立つような、そういうものでありたいと思います。まず、肉声を使うこと、人間と人間とが相対して、かかわりをもつ中で語られること。

語る者は、「お話」のことばを自分という人間とできるだけ十分にかかわらせて、生きさした、その人らしいものにすること。活字に還元されるものだけでなく、何かその人をプラスしたものとして子どもの前にさし出すこと。

ことばの背後に、自分のイメージでしっかり裏打ちをして語ること。嘘くさい、薄っぺらなことばを使わないこと。誠実な声で、けれん味のない話し方で、ゆったりしたリズムで語ること。

こんなふうに語られた「お話」が、子どもの心に届いて、その深いところにおさまって、子どものことばに影響を与えることができるとしたらどんなに幸いでしょう。

むすび――ことばに対する信頼の回復

『子どもとことば*』をお書きになった岡本夏木先生は、「ことば」と「人間の心」の乖離ということについて、こうおっしゃっています。

「今日、私たちの社会にはことばが氾濫している。人びとはだれとも容易にことばを交す機会を無数にもちうるし、なんといっても巨大なマス・メディアの発達や出版物の洪水は、かつてなかった言語繁栄の時代を生み出している。子どもは、おそらくいままでのいかなる時代にもまして、早期から多くのことばの波にさらされている。年少から自由な言語表現が奨励され、学校教育の拡大、進歩は、言語活動を活発にし、さまざまな面において言語能力は過去の子どもにくらべて大きく向上してきた。この事実を私たちは否定するのではない。しかし、こうした『言語の繁栄』現象と並行して、一方では、うつろなことばがとびかい、人間性は稀薄化し、『人間疎外』の現代が問われてきている。こうした社会とことばの現実の前に、私たちは当惑せざるをえない。

人間をして人間たらしめているのがことばであるなら、ことばの発達は、当然子どもをより人間的たらしめることの大きい源であり、またそのあかしでなければならぬはずであるのに、ことばの発達が、人間性の喪失につながってゆく。このような現在の時代というものを、どうとらえかえしてゆかねばならぬのだろうか。」

今日、私たちの社会には、図書館が増えてきました。人びとは、容易に図書館から本を借りられるし、なんといっても盛んな出版活動のおかげで、出版物は洪水のごとく出まわっています。子どもの本についていえば、おそらく今までのいかなる時代にもまして、多数の、そして多種多様、かつ見た目に美しい本が出版されています。子どもたちには、早期から絵本が与えられ、図書館利用が奨励され、文庫活動は活発で、さまざまな面で、子どもたちは、過去の子どもに比べて、読書の機会に恵まれています。この事実を、私は否定しようとは思いません。

けれども、その子どもたちが、昔ほど、本をたのしんでいるように見えないのはどうしてでしょう。小学校の高学年になると、図書館へやって来なくなるのはなぜでしょう。本を熟読玩味することが少ないのは、どうしてでしょう。このような現実を前にすると、私たちは困惑してしまいます。

本がよいものであるならば、本がたくさん出まわれば出まわるほど、人びとが幸せにならなければならないはずなのに、かえって本を読むエネルギーを失っていくというのは、どういうことなのでしょう。このようなジレンマを、どう解決していったらよいのでしょう……。

私たちは、ここに、お互いの図書館の設立十周年をお祝いするために集ってきました。図書館が扱っているのは、本です。そして、本は、ことばで成り立っています。読書という行為は、作者のもっていることばの力だけでなく、読者のもっていることばの力によって、その質が決まります。読者のもつことばの力が弱まり、ことばに対する信頼が薄れていったら、たとえ図書館の数が増え、貸出しが伸びても、図書館の機能は、実質的に目減りします。

図書館が、これからさき二十年、三十年、どんどん発展していくことは、たいへん結構なことだと思います。でも、それは、図書館を利用する人が、それを利用することによって、つまり本を読むことによって、実質的に、より豊かに、より自由に生きられるということであってほしい。ということは、やっぱり、それぞれの人の中で、ことばというものが、しっかりしていなければならない。とすれば、子どもの中でことばが育っていくことについて、私たち図書館員は、深い関心をもたざるを得ないし、私たちの仕事の中で、それを助けることができるものなら、それをしていかなければいけない。

「お話」は、そのひとつだと私は考えております。私たちが、お話を語ることによって、できるだけ誠実にことばと向き合い、ことばに自分をのせて、子どもたちの前に出すということができれば、私たちも、何ほどかの力になることができましょう。みなさんが、「お話」に、こういう意味づけをもって、取り組んでいただけたらありがたいと思います。

Ⅱ　お話のたのしみを子どもたちに

この講演は、一九八四年十一月十九日、浜松市福祉文化会館ホール
に於いて、浜松子どもの本を読む会と、児童図書館研究会静岡支部
の主催で行われました。

はじめに

今年は、ただいまご紹介くださいました東京子ども図書館が、公益法人の認可を受けてからちょうど十年目にあたります。それで、いろいろな記念の事業を計画いたしましたがそのひとつが、「お話のたのしみを子どもたちに」というキャンペーンで、子どもたちに肉声で物語を語ってほしいという訴えを、いろんな地方に行ってして参りました。その一環として、きょうここへ参ったわけですけれども、まず清水でお話をし、それから焼津でお話をし、そして、きょう浜松へ参りました。間で一日あいておりましたので、いったん東京へ帰ることができないわけではなかったのですけれども、そのままこちらにいようと決めまして、昨晩はこちらのほうのホテルで泊まりました。朝、ホテルのドアの下から新聞が入っておりまして、見ておりましたら、きょう私が話をしようと思ったことに関係があるひとつの小さな記事が目に入りました。それは、三島でひとりの奥さんが亡くなられて、そのご主人が——七十三歳と書いてありましたが——奥さんが亡くなったことを悲しんで、あと追い自殺をなさったという話でした。お通夜の準備をしていた人たちが、ご主人の姿が見えないので探していたところが、死んでいるのが見つかったという小さな記事でした。きょうはたいへん物騒な話題ですけれども、その自殺のことからお話をはじめようかと思います。

〝自分の物語〟を生きる

〝人はなぜ自殺するのか〟という見出しの、ひとつのエッセイが、少し前の毎日新聞に載っておりました。これは岸田秀という和光大学の教授で、精神分析の専門家でいらっしゃる方がお書きになったもので、ちょっと長いんですけれども、私がこれから申しあげようと思っていることに関係があるので、その全文をひと通り読ませていただきます。

「去る昭和五十八年は明治三十二年に統計をとりはじめて以来、最高の自殺者数を記録したそうである。とくに四十代五十代の自殺者が急激にふえたとか。わたしは今ちょうど五十歳、自殺しやすい年齢層のどまんなかにいるわけで、人ごととは思えないから、この機会に人間はなぜ自殺するかという昔からの問題をわたしなりに考えてみたい。

まず、ほとんどの人間は自殺しないが、自殺しない人間はなぜ自殺しないのか。それは自分という物語をまだつづけたいからである。本能がこわれた動物である人間は、生存本能とやらに盲目的に駆り立てられて生きているのではなく（もしそうなら、他の動物たちが自殺しないように人間も自殺するはずがない）、自分という物語をつくりながら、そしてそれに依りながら生きている。人間が生きるためには自分という物語が必要不可欠であり、誰でもそれぞれ、自分はどういう親から生まれ、どういう育ち方をし、どういう性格で、どういう能力があり、これまでどういう人生を送ってき、今はどういう身分で……といった一つの物語をもっている（捨て子の場合のように親がわからないと、この物語に重大な欠落が生じ、当人は深刻な不安に悩まされ、欠落を埋めようと必死になる）。」

近々、また中国から残留孤児の来日が予定されているとのことですが、この人たちの、肉親を求める気持の強さ、そしてまた肉親とめぐり会ったときのほんとうにドラマチックな再会を見聞きしますと、ここでいう「物語の初めに欠落が生じている」ことが、どんなに人間の存在を不安にするかということがよくわかります。私たちは三十年たっても四十年たっても、なんとかしてその欠落を埋めようと努力するものなのですね。岸田先生は、続けてこうおっしゃっています。

「この物語はつねに未完成であって、人間はそれを完成させることを夢見ながら、そのために努力しながら毎日を送っている。もちろん、この物語が完成することはなく、いや完成すれば困るわけで、人間はつねにある目的を立て、この目的が実現しさえすれば自分の物語が完成すると信じ、そのために努力するのだが、それが実現すると、自分の物語にまだ未完成な部分をまた新たに発見し、また別の目的を立てて努力するということを繰り返す。

自分は切り離されて一人でポツンと存在しているのではないから、自分の物語はそれと首尾一貫しているいろいろな物語、周りの人たちについての物語、自分が属している集団、国家、世界についての物語と組み合わさっている。自分の物語は自分がそのなかに住んでいる世界の物語でもある。この物語が未完成でありながらも、一応首尾一貫していれば、人間は何とか生きてゆけるが、たとえば自分が自分の物語とはどうしても一致しない罪深い、卑怯な、恥ずべきなどのことをしてしまったり、世界の物語とどうしても一致しない不可解なことが起こったりすると、危機に見舞われる。従来の物語が破綻したわけで、この危機から脱するためには、従来の物語では説明できないそれらのことを一応首尾一貫した形で説明できる新しい物語を自分および世界についてつくらなければならない。

精神分裂病の誇大妄想などは、こうした新しい物語の一種である。つまり従来の物語が破綻し、自分はたとえばナポレオンだということで破綻した自分の物語を立て直すのである。しかし、自分がナポレオンだとは周りの人たちは認めてくれないから、この場合、その新しい物語も破綻せざるを得ないが、周りの人たちにも認められる新しい物語をつくることができれば、一応正常者にとどまれるわけである。いずれにせよ、人間は生涯に何度かは重大さの程度の差はあれ、この種の危機に直面するであろう。

自殺という行為も従来の物語が破綻したことが出発点にあると考えられる。しかし、従来の物語が破綻しただけでは人間は自殺しない。人間が絶望から自殺することはない。自殺とは一つの積極的行為であり、人間はいかなる行為をするにも、それを物語に含めた形でしかできないのだから、自殺できるためには、自殺を支える物語がなければならない。つまり、従来の物語が破綻したとき、自殺しない人とは、自分の生存を前提とした新しい物語をつくった人であり、自殺する人とは、自分の生存を前提としていた従来の物語（自殺者だってそれまでは生きてきたのだから、その生を支えてきた物語をもっていたはずである）のその前提を変え、死を前提とすることによって従来の物語を守ろうとした人（たとえば自分は道徳的人間であるという物語を支えにして生きてきた人が、罪を犯したとき、自ら死をもって罰することによってその物語を守る場合）か、または、はじめから死を前提とした新しい物語（たとえば天国で結ばれようと心中する場合）をつくった人である。

死んでしまったら何もないではないかというのは、生存を前提として自分の物語をつくっている人の言うことであって、人間においては、肉体的に生きているかどうかということよりも、自分の物語をもてるかどうかということのほうがその存在にとって基本的なことだから、死を前提として自分の物語をつくってしまった人には、そう言ったところで説得力はないであろう。

ところで、はじめの問題に戻るが、とくに四十代五十代に近頃自殺が多いのはなぜであろうか。なぜ彼らにとって生存を前提とした自分の物語がつくりにくくなっているのであろうか。四十代五十代といえば、子どものときは大日本帝国の物語、戦後は一変して民主主義の物語、そのあとは経済成長の物語と、さまざまな集団的物語のなかで自分の個人的物語を何度か書き換えさせられた世代であるが、生存を前提とする物語をつくることのむなしさを悟らされて、死を前提とする物語をつくってしまった

のであろうか。」（一九八四年七月七日掲載）

ところで、私がきょうお話し申しあげたいのは、自殺の原因についてではありません。このエッセイには〝物語としての生と死〟という題がついていました。私が申しあげたいのは、岸田先生が、「人は自分の物語をつくりながら、そしてそれに依りながら生きている。人間が生きるためには自分という物語が必要不可欠である。この物語は常に未完成であって、人間はこれを完成させることを夢見ながらそのために努力しながら生きている」と、おっしゃっているこの部分なんです。自分の人生を生きるということは、いってみれば、自分というひとつの物語をつくり出していく、そういう行為だと岸田先生はおっしゃっているわけですが、考えてみれば、それは、ほんとうにその通りではないでしょうか。

この自分という物語は、さっきもちょっと出てきましたように、はじまりの部分がとても大事なわけですけれども、私たちには、自分の物語のはじまりの部分を選択することは許されていません。自分はどんな時代に、どんな国に、どんな家庭に、どんな親のもとに生まれてきたいかということを選ぶことはできないのです。物心ついたときには、もうすでに、どこかの国に、だれかの家庭に、何番めかの子どもとして生まれてきてしまっている。ですから、物語の初めは非常に大事であるにもかかわらず、それについて、私たちは何ひとつ自分の意志を働かせることができない。自分の選択権を行使するわけにはいかないのです。

そのあとの数年間も、私たちは、自分の物語をつくることについて、ほとんど権限をもっていません。生まれてから最初の数年間の物語を決めてしまうのは親です。人生を物語と見る見方からいえば、親は、自分の子どもに、その子の物語を想定して、その物語ができるだけよい物語であるように願って、そのための準備をする。その物語に合わせて子どもを育てる、といってもいいかもしれません。ですから、育児という営みは、いってみれば、子どもの物語の最初の部分をつくる行為だといえるかもしれません。もし、その親が、いい学校に行って、いい大学に入って、大きな企業に就職して、そしていいところからお嫁さんをもらって安穏に暮らすという物語をその子のために想定したとしたら、親はそれに合うように子どもを育てていくだろうと思います。もしそうではない物語を想定したとしたら、たとえば、学校はほどほどに行けばいい、けれども何になるにしても、とにかく、自分を最大限に生かして生きていってほしい、そういう物語を想定したとしたら、親は、子どもの最初の数年間を、その方向に向けて育てていくでしょう。

私たちの〝物語〟は、生まれるときにも選択の余地はなく、最初の数年間も、自分の意志ではつくれない。親がこしらえた物語を下敷にして進められていくわけです。

しかし、だんだん物心がついてきて、自分で自分の人生を考えるようになりますと、人は自分で〝自分の物語〟を考えるようになっていきます。そして、物語をつくるためには、いろいろなときに、いろいろな決断をしなければなりません。その決断を自分の思い描く物語に沿う方向で下していくようになると思います。私たちが、なんといっても一番迷い、一番悩み、一番苦労してする決断は、おそらく結婚だろうと思います。それは、結婚によって、それからさきの物語がほとんど決まってしまうからですね。どういう人と結婚するかによって、どういう物語を生きるようになるかということが決まる。だからこそ、私たちは、その選択に非常に慎重であり、熟慮に熟慮を重ねるのだろうと思います。

自分はひとり娘だからあまり両親から離れて暮らしたくはない、あまり転勤のない人に嫁いだほうがいい、などと考える。そして、兄弟はあったほうがいいと思うから三人ぐらい子どもを産んで、そのうちのふたりは男の子にして、ひとりは女の子にして、できれば一番末が女の子がよくて、女の子が生まれたら可愛らしい服を着せて、それからどこの学校に入れて、……というふうに、次から次へ考えるかもしれない。つまり自分の物語を先々《さきざき》予想してつくりあげるわけですね。

ところが、岸田先生のお話にもありましたように、人生には、自分の想定した物語が自分の想定した方向に動いていかないということが出てきます。予想に反して、転勤の多い人と結婚するかもしれず、子どもが生まれないかもしれない。あるいは、その子が思うように育たないかもしれない。ふたりの子は男の子で、ひとりの子は女の子で、男の子はたくましく元気よく、女の子は心やさしい子どもに育てて、ああしてこうして……と、心に思っていても、その子どもたちのうちのひとりが、ある日突然失明の危機にさらされるとか、あるいは交通事故で大きな障がいを負うとか、そういう予想外のことは私たちの身に起こってくるものです。そして、そうなったときには、物語の選択の余地が出てくると思うのです。

物語の初めの部分には選択の余地はない。けれども、ある選択をして自分の物語を生きているときに、それをそのままのかたちでは続けさせないある状況が生じたときには、私たちには非常に大きな幅の選択が可能になると思うのです。ある母親はそういう事態に接したとき、子どもを殺して自分も死んでしまおうというような選択をするかもしれません。それは、自分にも、子どもにも、事故などは起こり得ないという、それまで前提にしてきた物語を、そのままのかたちで追求しようとするからです。そのために、それを前提としない物語を考えることができずに、死を選んでしまうということですね。そういう生き方、そういう選択、そういう物語のつくり方も、私たちにはできる。あるいは、死んだり、子どもを殺したりしないまでも、生きていながら、そのあとの生涯をずっと愚痴をこぼしながら生きる人もいると思うんですね。もしこの子の目さえ見えたら、もしこの子が死ななかったら、もしこの子がこうだったらと、最後までいい続けて、そして悔みながら、不満でいっぱいの人生を送る人もいるでしょう。その人は、自分の物語の前提がこわれたことを知りつつ、気持の上では、まだ前の物語を追い続け、それと現実の物語とのギャップを不平不満と愚痴とで埋めて、いわば古い物語をそういうかたちで、貫いて生きていく、という生き方だと思うんです。

ところが、そうではなくて、そういう危機にみまわれながらも、まったく別の選択をする人たちもある。たとえば、いろんな本を読んだり新聞を読んだりしていても、そういう障がいをもっていながら、明るく積極的に、人生を生きている人もいるわけですね。そればかりか、他の人たちの励ましになるような、そういう生き方をしている人もいる。そういう人たちは、危機にみまわれ、障がいが自分の前提、自分の物語の土台にならなければいけないという事態が起こったときに、その障がいを前提とした新しい物語をつくって、その新しい物語を生きている人だというふうにいえないでしょうか。そしてそういう物語を生きている人たちの中には、他の人の物語を参考にしてそういう生き方を選びとった人が大勢いると思うんですね。

たとえばヘレン・ケラーという人がいる。彼女の伝記を読んで、自分もこう生きようというふうに思った人もいらっしゃるだろうと思います。たまたまヘレン・ケラーの自伝というのは、日本語では『わたしの生涯*』と訳されておりますけれども、もとの題は“The story of my life”というので『私の人生の物語』という題なんですね。このヘレン・ケラーの物語を読んで、自分の物語を積極的につくり変えた人は、おそらく何人もいるでしょう。ヘレン・ケラーの物語だけでなくて、他の人の物語、他のだれかの生き方、それを見て自分の物語を書き変える人は世の中にたくさんいると思うのです。このように、人の物語というのは自分の物語をつくるために参考になるのです。

人は物語を好む

ところで、自分の物語は未完で、どこがどうなるかわかりません。だからこそつくり変える余地がたくさんあります。けれども、すでに物語になっている生涯、たとえばヘレン・ケラーのようにもう生涯を終えてしまった人の物語、つまり完結した物語というのは、私たちにとっては非常に参考になるわけですね。こう選ぶべきか、ああ選ぶべきか、という岐路に立たされたとき、自分の物語を生きている最中は、自分のことがよく見えませんけれども、そういうところをくぐり抜けた、もうすでに完結した他の人の物語を読むと、自分のおかれている立場がよくわかることがある。そういう意味で、私たちは、自分という物語を生きるために、自分以外の人の物語を必要としている、といえると思うのです。それは本のかたちになった物語である場合もあるし、あるいは身近にいる他の人の生き方という、なまの物語であるかもしれないし、あるいはニュースに出てくることだとか、雑誌に出てくることだとか、人の噂話だとか、そういうことかもしれない。でも、それは、みんなある意味では物語なのであって、私たちはその物語を参考にして、自分の物語をつくっていくといえます。

しばらく前に、作家の井上ひさしさんが、朝日新聞の文芸時評欄に、こういうことを書いていらっしゃいました。

「複雑怪奇で、だからこそ大なり小なり猟奇的でもある現実の事件が、たとえば真犯人の逮捕やその死によって一応の完結をみたとき、だれしも思わずほっと溜息（ためいき）をつく。その溜息は『悪が罰せられてよかった』などという浅いところから出たものではなく、もっと根源から発せられている。その溜息は、またひとつ『物語』が誕生した、ということへの感嘆である。事件が完結した途端、その細部まで見通しがきくようになる。人は、それぞれの趣味にしたがって、事件を構成する細部の、ある部分を強調したり、好みにあわせて事件の経過を並べかえたりして、自分のための『物語』に仕立てあげる。簡単にいうと、人間はなにもかも物語化してしまわずにはいられない生き物なのだ。

　右の操作を意識的に行う者たちを作家と呼ぶが、作家の存在も、人間の物語好きを証明している。ではなぜ人間はそんなにも物語を好むのか。現実＝実人生がたえず濃霧に閉ざされているからではないだろうか。一寸先すら見ることができないという不安、細部だらけでどれが重要な細部か見当もつかないという不安、そして他者との通話がうまく行っていないのではないかという不安、これらの不安がわたしたちを物語へと向かわせる。物語は言葉によってなされる。その言葉には、現実よりはとにかく幾分かは明確であるという、宿命的な性格がある。わけのわからぬ不安な現実から明確さへの待避壕（たいひごう）として物語はある。とりわけ大衆的な物語にはこの機能がきびしく要求される。」（一九八一年一月二六日掲載）

　なるほどそういわれてみると、私たちは、何もかも物語に仕立てて生きていると思います。私たちがニュースに関心をもつというのも、つきつめて考えてみれば、それをひとつの物語として追っているのではないかといえそうですね。たとえば、グリコ・森永事件はまだ未解決で、それだけに私たちは、テレビのニュースでも、新聞でも、グリコ・森永と書いてあるとパッとそちらに目がいって、そこに新しい情報が出てこないか、新しい展開があるのではないかというふうに関心を向けていく。そして、この事件は、まだ真犯人が逮捕されていないわけですけれども、もしそういうことが、起こったとしたら、私たちは、ほんとうに大きな関心をもってそれを読むでしょう。井上さんのおっしゃるように、それが解決した時点で初めて、なぜそれが起こったのかということが逆にわかってくるわけですから。それが怨恨なのか金欲しさなのかということを、井上さんのことばによれば、〝自分の趣味に従って〟好きなところを強調して、ああ、これでこういうことが起こったんだ、というふうに納得して、ホッとため息をつく。そして、そこでグリコ・森永物語というひとつの物語ができた、というふうに感じるのです。

また、他にもガンジー首相の暗殺事件なども、非常に奇々怪々で、いろいろなことがいわれていますね。政府の高官がかかわっていたとかなんとか。そういうことが出てくると、私たちは、やっぱりそれに深い関心を寄せざるを得ません。それは解決されるか解決されないかはわかりませんけれども、少なくとも私たちはそれが解決されることを求めますし、解決されたときに、その道筋をたどって、ああ、こういうことでこういうふうになったのかといって、納得します。あれもひとつの人間の生き方、これもひとつの人間の在り方なのですから、それをひとつの物語として、自分の物語をつくる上で参考にしたい。私たちは、ありとあらゆる自分の身のまわりにあるものを物語に仕立てあげて、その物語を読みとろう、読みとろうとかかっている存在なのだといえそうです。そういう意味では、噂話とか、人のゴシップとか、悪口とかに、私たちが異常な情熱を傾ける（？）のも、わかる気がしますね。私たちは、とにかく他人の物語を知りたいと思っているのです。

今もたいへんおもしろく思い出すひとつのエピソードがあるんですけれども、もう何年も前、私がバスに乗りましたら、すぐ隣りに中年すぎのおばさんがふたりすわっていたんです。そのふたりは、実に熱心に、あるご家庭の噂話をしていました。そのうちにはたいいへん頑固なおじいちゃんがいて、そこへ最近お孫さんに好きな人ができて、結婚したがっているんだけれども、そのおじいちゃんが頑固で、ものわかりが悪くて、その結婚を許さない。そのために、かわいそうに、若い恋人たちは結婚できないでいるという話なんですね。ふたりは、その話を一所懸命にしていて、「あんなに好き合ってるんだから、いっしょにしてやればいいのにねぇ」とひとりがいうと、「ほんとにあのおじいちゃんはいつもああいうふうだから困る」ともうひとりが、相槌をうって、ひとしきり話をしていて、そしてちょっと話が途切れたのです。そうしたら、片方のおばさんが、「そいで、あんたんとこ、木曜日の九時何見てる?」って聞いたんです。それで、私は、今までふたりが熱心に話をしていたのが、テレビドラマの話だったんだなとわかったんです！　その人たちが、まるで自分たちが知っている家庭のことのように話していたので、てっきりそう思っていたら、なんとドラマだった！　そのとき、私は、ああ人間というものはやっぱり物語が好きなんだなと、しみじみ思いました。日本のテレビドラマにはホームドラマが多く、ホームドラマというのは、ごはんを食べる場面ばかりだと軽蔑されたりしていますけれど、そういうごはんばっかり食べてるような、なんでもない日常を描いた物語でも、やっぱりこのふたりの女の人のように受けとめている人がいるんだなと思ったんです。つまり、人は、他の人がどういうふうに生きているかじゃなくて、隣りの家で人がどういうふうに生きているか知りたい。それも、宇宙の彼方で人がどういうふうに生きているかを、知りたいと思っているんだ。だから、せっせとホームドラマを見ているんだ。見ている人がいるから、あきもせず、同じような〝飯食いドラマ〟が、日本のテレビの画面に登場するんだ、と思ったことでした。ことほどさように人間は物語が好きで、何もかも物語にしようとする生き物なんですね。だとすれば、その物語を生み出している人間の心の働きを、今少しここで分析して考えてみたいと思うのです。

人はなぜ物語を好むか

なぜ人間はそれほど物語が好きなのか、なぜ物語を生み出すことに、これほど情熱を傾けるのか。その心の奥にある働きというものを考えてみますと、まず第一に、人間にはとにかく、知りたいという欲求が非常に強くあると思うのです。何が起こったかということを知りたい、自分のまわりで、あるいは自分の知らないところでもいいんですけれども、とにかく何か起こったことを知りたい。何が起こったかということだけではなくて、なぜそれが起こったのか、なぜそうなったのかということも知りたい。そういうふうに、本来人間には、非常に強い好奇心というものが備わっていて、その好奇心が私たちを駆り立てて物語へと向かわせているのでしょう。これはけっして不健康なことでもなんでもなくて、さきほどからいっているように、自分の物語をよい物語にするためには、やっぱりたくさんの情報をもっていなくてはならない。自分の物語に選択の余地ができたときに、決断を下すための材料として、いろんなデータを自分のところにもっていなくてはならない。そういう意味で、他の人のデータを知りたい、ということなのです。これは、非常に健康な、当たり前な、人間の心の働きだろうと思います。

それから二番目に、そういうふうにして知ったこと、あるいは自分の身の上に起こった不思議なことをなんとかして人と分かち合いたいという欲求も、人間にはあると思います。何か珍しいことが起こったとき、何か人に知らせる価値のある物語が生じたとき、私たちはそれを自分の親しい人になんとかして知らせよう、なんとかして分かち合おうとします。そういう気持、自分のもっている物語、自分のもっているデータ、自分のもっている情報を、自分の親しい人と共有したいという願いは、これもまた私たち人間にとって、非常に自然な根源的な欲求だと思います。

それからまた私たちは、私たち自身の物語や、私たちの見聞きした物語が、非常に優れたものであったり、おもしろいものであったり、何か並以上の価値をもつ物語であると思った場合に、その物語を記録にとどめておきたいという願いをもちます。自分にとって大事なものはこのまま失われてしまっては困る、と思うのです。小学校のときに、たいへんお世話になった先生がいたとする。その先生は、自分にとってはほんとうに大事な先生で、自分が心から尊敬し慕っている先生で、クラスの他の人たちも、同じようにその先生を敬愛していた。ところが、その先生が亡くなられた、となりますと、先生を慕っていた人たちは、追悼文集を発行するというようなことをいたしますね。自分の心の中で、その先生がどういう存在であったか、ということを切々と文章に訴えて、それを記録に残したいと願う。なぜならば、その先生が亡くなってしまって、その先生を知っている人がいなくなってしまうと、その先生の生涯、その先生の物語というものが、この地球から消えてしまうからです。そういうふうに消えてしまってはもったいない、こんなにいい方が、この世の中にいたんだということを、他の人にも、直接その人を知らない人にも、どうか幾分かでもわかってもらいたいという気持が、私たちに文章を書かせ、記録を残させ、そして、その記録を後に伝えていくという営みに駆り立てていきます。そういうふうに、ある人の生きた物語を記録するということは、またひとつの物語をつくっていくことでもあるわけですね。このようにして意識的につくられた〝ある人の物語〟は、いわゆる伝記といわれるものです。

また、私たちは、それとはまったく違ったところから物語を生み出すこともあります。それは人の身に起こったことではなく、また人に分かち合うことでもなく、記録にとどめることでもなく、ひとりの胸の中で、自分だけの物語をつくるということです。たとえば、よくあることですけれども、私たちは、自分のおかれている状況に、非常に不満があったり、悩みがあったりする場合、心の中に、そういう悩みや苦しみのまったくないある種のユートピア物語をつくりあげて、その物語に頼って生きる場合があります。いわゆる物語の中にもよく出てきますが、たとえば、貧しく、人に卑しめられて生きている主人公が、実は、自分は身分の高い人の子どもで、自分のほんとうの両親はどこか別のところに生きているんだ、というような物語を心の中につくって、空想の中で自分の尊厳を取り戻す。実はほんとうにそうだったとわかって、お話のおしまいごろに、立派な貴族のお母さんが迎えに来たり、遺産がころがり込んだりして、今まで自分をいじめた人を見かえすことになるというような話は、通俗的な物語ではよくありますね。逆境にある人は、それを読んで〝そうれみろ、今におれだって〟というような気持になるでしょう。すでにできている物語でなくても、自分の心の中でそういう空想をして、その空想によって自分を支えることもあると思うんですね。

あるいは、重い病人の看病をしているときに、その現実だけでは、自分がうちひしがれてしまうような状況になったときに、現実とは違う物語をつくる。まずその病人がよくなることを空想する。そして、回復したら、こうもしてやろう、ああもしてやろう、こんなふうにしよう、あんなふうにしようと、心の中で思う。それによって、自分を力づけて生きていくということがあると思うのです。

あるいは、もっと深い意味で、人は、自分がどうして生きているのかとか、人間はどうして苦しまなければならないのかとか、どうして正義はこの世の中には実現されないのかというような根源的な問題に悩みます。そしてまわりの現実が、自分の願いとは違うものである場合、心の中に、かくあれかしと思う状況を思い描きます。そして、そのような願いといいますか、祈りといいますか、そういうものを人間を超えた神や仏にささげることによって、自分をまっすぐ保つのです。そうすると、その人の心の中では、いわば祈りの物語というのができていくわけです。

あるいは、もっと卑近なことをいえば、私たちは何か不満があるときに、ひとりでブツブツ愚痴をこぼすことがあります。ひとりごとをいいながら。そのひとりごとが、実は物語のはじまりだったりすることもあるわけですね。実際、そういうふうにして物語が生まれてくるプロセスがわかるような例を、東京外国語大学のアジア・アフリカ語研究所の川田順造さんがあげています。この方は、西アフリカのモシ族という、文字をもたない民族の中に入って、何年間もその人たちと生活を共にして研究をしていらっしゃったのですけれども、川田さんが現地で集録したいろんな音を、つまり文字がない人たちの暮らしですから、音ですべてのコミュニケーションが成り立っているわけですけれども、その音を再構成して『サバンナの音の世界*』というレコードにまとめています。その中に、川田さんが「ののしり歌」と命名しているおもしろい歌があるのです。その地方では、女の人は毎日、主食にする穀物を臼でつかなくてはならなくて、それはたいへん単調な、きつい労働なんだそうですけれど、それをしながら、歌をうたうのだそうです。その歌は悪口なんだそうです。だから川田さんは「ののしり歌」と名づけているわけですけれども。そこは一夫多妻の社会なので、第一夫人、第二夫人、第三夫人の間に、やはり心理的な軋轢《あつれき》が生じることがある。それからもちろん、他の社会とも共通するように、嫁姑の軋轢もある。そうすると、そういう鬱憤《うっぷん》だとか、腹立ちを、臼をつきながら歌にうたうというんですね。そして、そのときにうたったことは、不問に付されるというか、そのことで咎められることはない、という暗黙の了解があるのだそうです。やれ〝あの人は意地悪だ〟とか、〝此畜生〟とか歌の中に織り込むのでしょうね。たまたまそのレコードに入っているのは、三十四、五歳くらいの女の人がうたっているもので、意味がわからないで聞いている私たちには、たいへんいい声で、美しく聞こえます。でも、その文句がわかればギョッとするようなことなのかもしれません。が、ともかく、人は、そういうふうにして、鬱憤を晴らしたりする。ところが、そのうちに、思いあたることのある人なら、ひざをたたいて喜びたいような、すばらしい「ののしり歌」ができるかもしれない。自分がいいたくても、適切なことばが探せなくていえなかったようなことを、ズバリいってくれたというような文句が生まれて、他の人がそれを真似をするというようなことが出てくるかもしれない。そこへまた別の人がうまい文句をつけ加えたりして、それがひとつの物語になっていくかもしれませんね。

そういうふうに、私たちは自分のまわりにあることがどういうことだろう、どうしてそうなったんだろうと思うところから、それについて自分を納得させるような物語をつくり出していく。また、非常に珍しいこと不思議なことが起こったときには、それを人に伝えたいために物語をつくり出していく。そしてまた、どうしても記録にとどめておきたいと思うような事柄があったときには、それを物語にして人に伝えようとする。そしてまた、人にはいえないようなことを心の中で自分の物語に仕立てて、それによって自分を満足させて生きていくこともある。それをごくごく親しい人にだけ打ち明ける。そうするとまた、打ち明けられた人がそれを心に深くとめて、それを別の人に伝える。そんなかたちで、物語は生まれ育っていくのでしょう。そう考えれば、私たちは、今、日常の生活でやっぱりこれと同じことを毎日しているのではないでしょうか……つまり、物語をつくりつつ生きるということを。

知りたいという欲求、なぜだろうという疑問が生み出した物語は、今日、神話といわれている物語に成長していったと思います。何か不思議なことが起こって、それを人と分かち合いたいという要求から生まれた物語は、伝説として今日に残ってきていると思います。あるいは、その中のいくつかは、昔話として成長して、今日に至っていると思います。それから、こういう素晴らしい人がいたというような物語、そういう記録にとどめたいという物語は、あるいは英雄伝説として、あるいは宗教的な聖者の物語として今日まで私たちのところに伝えられていると思います。そして、その中のいくつかは、近代では、さっきいったように、伝記というかたちで私たちが手にしています。そして、私たちが、密かに心の中で空想して、かくありたいと願ったり、かくあれかしと願ったりしてできた物語、あるいは心の中で祈りがかたちをとった物語、あるいは愚痴をこぼしているうちにそれが成長したような物語というのは、ほとんどのものが昔話というかたちになって、今日私たちのところに受け継がれてきていると思います。

こういうふうにして「お話」は生まれ、昔の人がしたのと同じように、私たちもまた、毎日物語をつむぎながら生きているわけですね。そして、物語は、井上ひさしさんがいったように、幾分かは現実よりも明確、明晰であるために、私たちはそれによって逆に、自分を見直したり、人間を見直したり、世界を見直したりすることができるというわけです。

人は物語を磨きあげる

物語は、このように、私たちに本来備わっている心の働きから生まれますけれども、それが伝わっていく過程でも、私たちの心の働きが加わっていろいろに変化していくものだと思います。たとえば、物語は、今までほとんど肉声で人から人へと伝えられていったわけですから、その過程で、語るという行為が要求する洗練が加えられていったと思います。次第に様式化され、おもしろく語られるようになる。あるいは、美化されたり、誇張されたりする。いったん生まれた物語に、おもしろさをつけ加えたり、様式化したり、美しくかたちを整えたり、あるいはここぞと思うところをうんと強調したり、物語に何かを付加したりする。そんな働きも、考えてみれば、私たちの非常に深いところからきているものではないでしょうか。

誇張ということをひとつとっても、今日でも私たちが話をするときには非常に誇張しますね。たとえば、昼間、洗濯機のホースをつなぎ損ねたために、お風呂場に水があふれてたいへんなことになったというような出来事があったとします。正確に寸法を測れば、それは、床に直径五十センチくらいの水たまりができたということかもしれません。けれども、それを発見して、あわてて拭こうとしている最中に、電話はかかってくる、人は来る、というような目に合った奥さんは、夜帰ってきたご主人にその話をするときに、「もう床中水だらけになって……」というふうに、誇張しますね。それから人の噂話をするときにも、すぐ話に尾ひれをつけて、なんでもないことを、まるで大したことでもあるかのように話します。何か私たちに、そうしたいという欲求があるのですね。

みなさんのよく知っていらっしゃる「おいしいおかゆ*」などという話は、もしかしたら、そういう誇張したいという欲求が生んだものかもしれません。私たちでも時々、煮こぼしというのをやって、ことに牛乳なんかは吹きこぼすとあとの始末がたいへんですけれども、ああいうふうに、おかゆならおかゆが、どんどんどんいつまでも吹きこぼれていって、台所中がおかゆでいっぱいになることがあるかもしれない、それどころか、家中がおかゆでいっぱいになることもあるかもしれない、と考えると、そう考えること自体がおもしろくなって、いや、うちの前の道もおかゆでいっぱいになるかもしれない、隣りのうちもおかゆでいっぱいになるかもしれない、というふうに空想が広がって、話が現実からどんどんどんどん離反していく。その途方もない思いつきがおもしろくなっていくような働きが私たちの心の中にあると思うんですね。そういう働きが、「おいしいおかゆ」というお話をつくり出したのかもしれない。私たちの中に、今あるものを何かもう少しおもしろくしよう、何かもう少し大げさにしよう、何かもう少しめりはりがきくようにしようと思う心の働きがあるということですね。

すでにご存じかと思いますけれども、河合隼雄という心理学の先生が『昔話の深層』*という本をお書きになって、私たちの心の奥底で起こっている出来事と昔話との関連を、グリムのお話を題材にひいて論じていらっしゃいます。その本の中に、昔話の発生について、次のようなことが書いてあります。

「昔話がどうして発生してきたかは、いろいろな観点から考察することができるであろう。しかし、筆者が問題にしたいのはその心理的な基盤である。それを説明するために、また現代の卑近な例をとりあげてみよう。昔話の説明をするために、現代の例ばかりを取りあげるが、それは筆者の心のなかでは昔話の内容と現代人の心性とが強く結びついており、また、そのためにこそ、心理療法という仕事を専門としながら、昔話に関心をもたざるを得ないのである。(中略)

ある時、町の本屋で立読みをしていると、主婦たちが噂話をしているのが聞こえてきた。それによると、ある子どもが父親の留学にともなわれてスイスにゆき、そこで日本語を忘れてしまってドイツ語でばかり話をしていた。ところで最近帰国してきたが、たちまちに日本語を思い出し、クラスで一番になってしまったというのである。

主婦たちはその『素晴らしい子』の話に夢中であったが、私はそれが事実とはずいぶん異なることを知っていた。というのは、それは私の子どものことに違いないからであった。確かに子どもがスイスに行き、最近帰国したことは事実である。しかし、日本語を忘れてしまったとか、たちまち一番になったなどは真実ではない。

ところで、少し常識のあるものであれば、すぐにうそと考えられる話を、この主婦たちはなぜこれほども熱心に話し合うのであろうか。外的な事実と異なることが、これほどまことしやかに語られるのは、それが何らかの人間の内的真実に合致すると考えられないだろうか。このように考えると、われわれ人間は何と多くの『素晴らしい子』のお話を持っているかということにすぐ気づくのである。鬼退治をした桃太郎、それに背まで低かったという一寸法師。グリム童話のなかにも『素晴らしい子』はたくさんいる。あるいは、ギリシャ神話のなかには、生まれてすぐにアポローンが飼っていた牛を盗み出したヘルメースの話や、幼児のときに二匹の蛇を殺したというヘラクレスの話などを見出すことができる。もっとも、牛を盗むことが素晴らしいかどうかは疑問であるが、成人をしのぐ活躍をする子どものイメージが、昔話や神話などには世界共通の現象として存在することが認められる。つまり、人類はこのような超人的な子どもの話を好むのである。」

ですから、普通の子どもの話をしていても、それを何かこう素晴らしい、超人的な子どもの話に仕立てあげようとする働きが、私たちの中にある。

「外的事実として、一人の子どもが父親の留学にともなわれてスイスに行き、しばらくして帰国したことは確かである。これに対して、主婦たちの無意識内に存在する超能力をもつ子どもの元型が作用するとき、その話は元型的表象に変形され、しかもそれが内的な普遍性をもつために、多くの人に語りつがれるのである。こうなると、この『お話』は昔話になる一歩手前まできている。すなわち、『昔々、ひとりの子どもがおりました。……』となる可能性を秘めている。」

と河合先生はおっしゃっています。人間の心の中にある共通の要求、たとえば素晴らしい子どもに対する要求とか、憎らしいお母さんに対する要求とかがあると、それが、継母のお話になったり、素晴らしい子どものお話になったりして、どんどん展開していく。それは、極めて自然なことではないでしょうか。ひとつの物語が生まれると、その物語に手を加え、その物語をみんなが共通してもっている要求に合うように語り変え、つくり変え、修正を加えていく。そういう働きも、物語を生み出す働きと同様、私たちの非常に根源的な、基本的な欲求なのではないかと考えられます。

また、昔話の中には、様式化されたものが非常に多くて、たとえば、三つのくりかえしとか、あるいはふたりの人が同じような行為をして片方はうまくいき、片方はうまくいかないという様式のものがありますけれども、その様式というのは、耳で聞くという条件の中で、磨きあげられてきた美化作用ということができます。私たちの中には、ある物語をより美しい、より整ったかたちで聞きたいという欲求があるのですね。たとえば「かにむかし*」の話でも、かにが柿の種を見つけて、それをうちへもって帰って、庭にまいたら、芽が出て、木になって、そして、実が実った。そういえばいいわけです。要点はそういうことなんですから。ところが、私たちは、それだけでは、もうひとつ満足できない。私たちが今日たのしんでくりかえして語ったり聞いたりする「かにむかし」は、それだけではないひとつの様式をもっています。

たとえば、

そうしてかには、そのたねを、うちのにわのすみにまいておいてから、毎日毎日せっせと水をかけたりこやしをやったりしては、

「早う芽をだせ、柿のたね、ださんと、はさみで、ほじりだすぞ」

というておったら、柿のたねは、ほじりだされてはかなわんと思うたかして、やがて小さな芽をだしたそうな。

そうするとかには、さあ、こんどはつぎだ、と思うて、毎日毎日せっせと水をかけ

たりこやしをやったりしては、

「早う木になれ、柿の芽、ならんと、はさみで、つまみ切るぞ」

というておったら、柿の芽は、つまみ切られてはかなわんと思うたんじゃろう、やがて大きな木になったそうな。

そうするとかにはまた、さあ、こんどはつぎだ、と思うて、やはり毎日せっせと水をかけたりこやしをやったりしては、

「早う実をならかせ、柿の木、ならかさんと、はさみで、ぶった切るぞ」

というておったら、柿の木は、ぶった切られてはかなわんと思うたにちがいない、やがてたくさんの実をつけたそうな。

そうするとかには、さあ、こんどこそはしまいだ、と思うて、毎日水やらこやしやらをやりながら、

「早ううれろ、柿の実、うれんと、はさみで、もぎり切るぞ」

というておったら、……

というふうに話は進む。

ただ種を拾ってきて、庭にまいておいたら、芽がでて、木になって、たくさん実がなった、といえばそれですむところを、こういうふうに「早う芽をだせ、柿のたね、ださんと、はさみで、ほじりだすぞ」というようなリズムのある文にして、それも芽から木へ、木から実へ、実からそれが熟れるということへ、というふうに段階を追って話を進め、しかもその間に、いつも決まりきった「毎日毎日せっせと水をかけたりこやしをやったりしては」という文句をはさみ込む。すると、そこにきれいなひとつの様式ができて、事柄が段階を追って展開していくところがくっきりと見えてくる。話が美しくかたちを整えていく。そして、整ったものが耳に快いというふうに感じる。それも、私たちの非常に深いところから出ている要求ではないでしょうか。いわば私たちが本来もっている芸術的本能といいますか、美的な要求といいますか、そういうものが働いているということ。そして、それには、お話をつくり出した人たちの才能や美的感覚だけではなくて、お話を聞いている人たちのそれも、作用しているということですね。

たとえば、ある人がある物語を語っていて、たまたまあるところを、あるやり方で語ってみた。ところが、聞いている人が非常に喜んで、もう一度そこをくりかえして聞きたがった。そこで、その次から、その個所は必ずそのやり方で語るようになった、という事実があったとします。すると、それは、聞き手のもっている要求、あるいは芸術的趣味というものが、お話を磨きあげる作業に参加した、ということになると思います。また、あるところで、あるせりふをひとつ加えてみたら、そのひとことが聞いている人の心にズシンと響いたようであった。そこで、語る人は、それ以後このくだりにそのひとことをつけ加えるのを忘れないようにした。あるいは、あるお話の結末が、聞いている人から総スカンをくってしまった。そこで、そのお話の結末をちょっと変えた……ということがあるとすると、聞き手のもっている意識的・無意識的な要求が、そのお話をつくり変えていくことになります。このようにしてひとつの物語ができあがっていく過程をベッテルハイムは、『昔話の魔力』*という本の中で次のように述べています。

「ある物語がもっぱら語りつがれているうちは、その物語をどう語るか、あるいはどう覚えるかを決定するのは、主に、語り手自身の無意識だった。語り手がある物語を語る、あるいは覚えるのは、その物語に対する語り手自身の意識的、無意識的な感情からそうするだけではなく、聞き手である子どもとの情動的なかかわりあいの質によって動機づけられる部分もある。一つの物語は、さまざまな語り手からさまざまな聞き手への、長年にわたるこういう語り聞かせのくりかえしによって、完成していく。そして、多くの人びとにとって、意識的にも無意識的にも十分納得がいき、これ以上の変化は必要ないと思われるまでになる。こうなれば、その物語には〈古典〉としての形が整ったことになる。」

こういうふうにして、今日、古典として私たちに残されているのが、昔話だといえると思うのです。ですから、昔話は幾世代もの人たちが、語り手としても、聞き手としても、何度も何度も手を加え、磨きあげてきた物語であって、そのつくりあげ、磨きあげる過程では、私たちの意識だけではなく、無意識も非常に大きくかかわっているといえそうです。こういうふうにしてつくりあげられてきたのが、実は私たちが普通の意味で「物語」といっているもの、すなわち文学的な物語だといえると思います。私たちは、今日、そのような伝承的な物語の大きな宝物を、世界中どこへ行ってもたくさんもっています。また、近代的な作家たちは、これらの物語を土台にして、新しく物語をつくります。それらの物語の中にも、その人の無意識、その人が属している社会・民族がもっている文化的な伝統が色濃く作用していて、いわば芸術的な物語は、文化的伝統がしぼり出されて、出てきたエキスのようだと思います。私たちの周囲には、そういう物語の一群、芸術的な物語の一群というものがある。

それと同時に、今日私たちのまわりに起きていること、ニュースとしてとりあげられるようなことも、ある意味では物語だということをさきほど申しあげました。私たち人間は、自分のまわりにあるものを全部物語にしなければ、気がすまない存在であるということですね。そしてまわりの出来事をすべてある種の物語であると考えると、私たちは、物語に取り巻かれて暮らしているといってもいいかもしれません。私たちは、自分の周囲のありとあらゆるものを物語として受けとめながら、自分の生涯という物語をつくりあげていく存在だといえるのです。

子どもたちは物語を必要としている

私たち大人は、もう自分の人生の物語の非常に大きな部分の決断を、すでに下してしまっているわけですから、これからなんらかの事件が起きない限り、自分の物語が大幅に書き変えられるということはありません。けれども、子どもたちは、これから自分たちの物語がどんな方向に、どういうふうに発展していくかについては、私たちよりもっともっと幅広い選択の余地をもっています。それだからこそ、子どもたちは、私たちよりも、もっと多くの物語を必要とし、もっと多くの物語を求めているのだといえるかもしれません。そうだからこそ「お話して、お話して」とせがむのかもしれません。

そこで、そういう子どもたち、つまり物語を必要としている子どもたちに与えられる物語の中には、ふたつの種類の物語があると思います。ひとつは、日常生活、現実生活から得られる物語。さきほどから申しあげているように、まわりで起こるありとあらゆるものが、すべて物語だ、という意味での物語です。ニュースに出てくること、自分や、身近な者の上に起こる出来事など、子どもたちがふつうに暮らしていて見聞きすることです。もうひとつは、芸術的な物語。想像の世界に属する物語です。この中には、特定の作家によって書かれた物語もあれば、昔話のように数えきれないほど多くの人の手が加わってつくりあげられた物語もあります。

私たちが、子どもたちに、意識的に努力して、狭い意味での芸術的な、文学的な物語を与えなかったとしても、子どもたちは、広い意味での物語を、まわりの出来事から吸収して、物語に対する自分たちの要求を満たして生きていくだろうと思いますね。いずれにしても、子どもたちは、自分の人生をつくりあげていくのに、人間はどういうものかというイメージ——物語——をもたなくてはならない。そういうイメージをつくりあげていくのに必要な材料をまわりにある事柄から得ていくでしょう。

たとえば、お母さんの生き方は、お母さんというひとつの物語であり、子どもたちは、それを読みながら大きくなっていく。学校で先生に接すれば、その先生の物語を読みとっていく、ということになるでしょう。子どもたちの身のまわりには、なまの物語がいくらでもころがっています。ニュースになるようなこうした物語は、私たちの心を日常生活の次元にひきとめます。それに、とかく人間に対するイメージを貧しくするようなものが多い。それに対して、芸術的な、文学的な物語のほうは、私たちを日常的現実から解き放って、人間の精神世界の、より広い地平線に私たちの目を向けさせ、より深い内面に目を届かせる働きをもっていると思います。多くの人々の共感をくぐり抜け、その人たちの人生経験によって修正を加えられ、その人たちの思いによって支えられ、裏打ちされた物語には、それだけに美しさも精神の高さも備わっています。なまの物語にない豊かさといいますか、宝物があるのです。

それらの物語が示しているのと同じものを、私たちは現実の中に見つけ得ないわけではありません。けれども、現実の物語というのは、そこにいいものが隠されていても、非常に見つけにくいかたちになっている。さっきの井上ひさしさんの文章の中に、ことばというのは現実よりもある程度は明晰だという宿命を負っているから、ことばで書かれたものは現実よりも見通しがきく、というような個所がありましたけれど、まったくその通りです。また、それればかりでなく、現実生活では、いろんなことが複雑にからみ合っているから、その中から本質的なことを見抜くには、よほどの人生経験がいる。幼い人たちには、なかなかできないことです。芸術的な物語は、人間性の真実を、そういう人たちにもよく見えるかたちで表現しているのだと思います。

ひとつの物語

ここにひとつの物語があります。コルシカ島に伝わる昔話で「金の髪*」というお話です。

実は、私は、この物語をもうだいぶ前に本の中に見つけて、いつか訳して語ってみたいと思い続けてきたのですけれど、いまだに果せません。ここで、みなさんに語ってさしあげることができたらほんとうによかったのですが、残念ながらそれができないので、筋だけかいつまんでお話しいたします。

あるところに、ひとりの貧しい百姓娘がありました。その娘は、非常に美しくて、その上、髪の毛が金でできていました。そこで、娘は「金の髪」と呼ばれていました。娘があまり美しくて、おまけに金の髪をしているので、村の領主は、この娘を自分の妻にしようと考えて、結婚の申し込みをします。親たちは、この縁組がたいそう立派なものだと思って喜んだのですが、娘のほうは、領主のところへ行くのを承知しませんでした。というのは、この娘にはピエトロという、同じ貧しい百姓の若者の恋人があったからです。

領主は、娘が、自分の申し込みに「うん」といわない理由が、このピエトロにあるということを嗅ぎつけて、ある夜、待伏せをしてピエトロを殺そうとします。ところが、不意を襲われたピエトロは、もっていた小刀を抜いて、身を防ごうとしているうち、あやまって領主を刺し殺してしまいます。そのためピエトロは、もうこの村にはいられなくなり、娘に、自分はどこかよその土地に逃れていって、そこでどうにかして暮らしが立つようにする。そうしたら、必ず迎えにくるから、それまで待っていてくれ、といい残して、村を去ってしまいます。娘は、ピエトロの帰ってくることを信じて、ずっと待っています。一年がたち、二年がたち、三年がたっても、娘はピエトロの帰ってくることを信じて待っていました。

ところが、ある日のこと、娘が市場に出かけていきますと、見知らぬ男の子がやってきて、娘の手に小さな紙切れを押しつけて姿を消します。娘が紙切れを広げてみると、そこに

「今夜、教会の大時計が真夜中をうったらお前を迎えに行くから待っていておくれ」

と書いてありました。娘は、ついに愛するピエトロが迎えにきてくれたのだと疑わず、

夜になると窓辺によって、ピエトロがあらわれるのを待つのです。

やがて教会の鐘が十二時をうち、それからしばらくたって、遠くのほうから馬の蹄の音が聞こえてきます。パタタ、パタタ、パタタ、パタタ……と。娘は、ピエトロがきたと思い表へとび出していく。そこへ馬がやってくる。馬の上には、まっ黒なマントですっぽりと体をおおった乗り手がいて、馬上から身をかがめて娘をだきあげ、自分のうしろに乗せて走っていきます。娘は、乗り手の腰をしっかりだいてそのまま走っていく。どんどん、どんどん、馬が走っていくと、ある教会の墓地を通りかかる。すると、ちょうどそのとき、雲がきれて、雲間から月の光がさしてくる。そして、教会の墓地のあちこちから声があがるのです。

「美しいおとめよ、生きているおとめよ、お前は死人といっしょに馬に乗っていて、こわくはないのか」と。

娘は、

「私は愛する人といっしょに馬に乗っています。どうしてこわいことがありましょう」と答える。

そうすると、墓場のあちこちから笑い声がこだまして聞こえてくる。馬は、またまたどんどん、どんどんさきへ進んでいく。また別の教会の墓地を通りかかると、そこからも同じように声が聞こえてくる。

「美しいおとめよ、生きているおとめよ、お前は死人といっしょに馬に乗っていてこわくはないのか」と。

「私は愛する人といっしょに馬に乗っています。どうしてこわいことがありましょう」と、金の髪は答える。

そのとき、また空の雲がきれて、月の光がさしてくる。そのとき前にいる黒いマントの乗り手が、そのマントをはいで、娘のほうを振りかえる。と、それは愛するピエトロではなくて、死んだ領主の幽霊だったのです！

娘は、ものすごい悲鳴をあげて、走っている馬からとびおりようとします。けれども、幽霊は、さっと手をのばして、娘の金の髪をしっかりとつかみ、娘をひきずったまま馬をとばすんですね。

パタタ、パタタ、パタタ、パタタ、パタタ、パタタ……。

娘はありったけの声をあげて、「ピエトロ、ピエトロ」と、救いを求めます。すると、どこからか別の馬の蹄の音が聞こえてくる。そして、だんだん幽霊の馬に近づいてきます。それはまちがいなくピエトロでした。ピエトロの馬は、どんどん、どんどん近づいてきます。パタタ、パタタ、パタタ……。全速力で駆ける二頭の馬の行手に、やがて死の都が見えてくる。都の門は大きく開かれている。幽霊の馬がいましも死の門を通り抜けようとする瞬間、ピエトロはそれに追いついて、もっていた小刀で、つかまれている娘の金の髪を根元からバッサリと切って、娘を自分の馬にだきあげます。一瞬の差で、領主の乗った馬は死の都に入っていき、そのあと鉄の門がピタッとしまる。そこで、ピエトロと娘は、村に帰り、いつまでも幸せに暮らした、というお話です。

これは、ひとつの〝芸術的な〟物語です。そして、この物語では、ひとつの事件が扱われています。そして、その種の事件は、私たちの周囲にも、いくつも起こっていると思うんですね。ある小さな町工場があって、そこに工場長と工員が何人かいた。ある日、そこへ非常に美しい娘が雇われてくる。で、この娘は、工員のある青年と恋に落ちる。ところが、工場長のほうは、この娘があまりきれいなので、自分の愛人にしようとたくらむ。そして、そこから縺《もつ》れに縺れて、工員が、工場長をナイフで刺し殺すというような事件が起きないとも限らない。こういうことは、世の中にいくらでもあることです。そして、それもひとつの物語に違いない。その物語は、新聞や雑誌に載るでしょう。そういうときに、新聞や雑誌はどんなふうに書くか。あるいは「工員、工場長を刺殺、痴話喧嘩の縺れから」などというような見出しが、つくかもしれない。この頃の「週刊○○」というような、人間の品性をおとしめ、卑猥な興味をあおり立てるだけの雑誌の手にかかったら、この事件がどんなふうな物語に仕立てあげられるか、私たちにはもうすでに予想がつくではありませんか。

ふたりの男がひとりの若い娘をめぐって争うということはあり得るし、それが殺し合いにまで発展することもあるということを、私たちはこの種の事件から学びます。子どもたちも学ぶでしょう。けれども、一方の、ある種の週刊誌によって仕立てあげられるたぐいの物語は、人間の醜さを私たちに見せつけたところで、私たちを置去りにします。人間についてのいやな、貧しいイメージを与えるだけで、それ以上のものは何もさし出してはくれません。けれども、同じ〝三角関係〟を扱っていても、もう一方の物語は、その表現の美しさの故に、扱っているドラマの緊迫感の故に、たとえそれが人間の本質的な醜さを描いていたとしても、なお聞き手である私たちを精神のある深みへ、ある高さへいざないます。なまの物語に比べて、芸術的な物語は単にことばによって書かれているから現実の物語よりは明晰であるというばかりではなく、より深く、より普遍的な、本質的な人間性へ突っ込んでいく力があると思います。しかも、それを美しく行うのです。

「金の髪」の物語を思い出してみてください。物語を聞いているとき、私たちの気持がどういうところへ運ばれていったか。私たちが物語から受けるのは、まず、くっきりした美しいイメージ、そして、緊迫感をもりあげる音ではないでしょうか。たとえば、金の髪のイメージ、あるいは暗い夜にまっ黒なマントに身を包んで、馬に乗ってやってくる人の姿。あるいは雲の間からもれてくる月の光、疾走する馬のシルエット、など。そして、耳に聞こえてくる音。パタタ、パタタ、パタタ、パタタと走っていく馬の蹄の音、教会の墓場から響いてくる声。そこここからあがるうつろな笑い声。そういうものは、全部ひとつになって私たちを感覚的にある状態にいざなっていきます。それは、「痴話喧嘩の縺れから」などという新聞記事がどうしても私たちを運んでいくことのできないひとつの世界だと思います。同じ出来事を伝えるにしても、文学としての物語は、それのもつ意味をより明晰にするばかりでなく、より深く、より美しくします。それによって、私たちの気持を日常的なレベルからひき離し、日常感覚を突き破って心の深みまでつれていく。そこで得られる心の充足は、美しいものだけが与え得るものだと思います。

むすび——子どもたちに肉声で物語を

子どもたちは物語を必要としています。たくさんの物語を必要としています。それは、子どもたちがこれから自分の物語をつくっていかなければならない人たちだからです。その子どもたちに、もし私たちが、芸術的な、文学的な物語、人類が私たちに遺産として残してくれた数々の物語を手渡してやらなかったらどうでしょう。子どもたちは自分のまわりにある事柄をすべて物語に仕立てて、自分の中にとり込んでいくでしょう。そして、そういう物語で、自分の物語をつくっていくでしょう。もし、私たちが、子どもたちの身のまわりにある物語だけでは充分でない、と考えるとしたら——それだけでは子どもたちの心をある伸びやかな広がりの中に解放してやることができない、それだけでは子どもたちをある内面の深みに到達させてやることができない、それだけでは子どもたちをより高い、より美しいイメージの世界にいざなってやることができない、と考えるとしたら——、私たちは、子どもたちに、物語を語ってやらなければならないと思います。それもできることなら私たちの口を通して、私たちの肉声で語ってやりたい、と思います。

今日、物語は、本のかたちで手に入るようになっています。ですから、私たちが芸術的な物語にふれたいと思えば本を読めばいいということになります。けれども、考えてみますと、物語が本のかたちで私たちの手に入るようになったのは、ほんとうに最近のことです。この地球上に人類が何万年生きてきたかわかりませんけれども、そしてどの時期から人類がことばをもつようになったかわかりませんけれども、おそらく何十万年も生きてきたんだろうと思いますし、何万年もことばを使ってきたんだろうと思います。そして、おそらくことばを使うようになった非常に早い時期から、人間は物語を語っていたのではないでしょうか。

さきに述べたようにして、人間は物語を生み、その物語に手を加え、その物語を幾世代にもわたって、伝えてきました。人類の歴史でいえば、文字ができて、その物語を文字に書きとめるようになったのはごく最近のことで、さらに書かれた物語を人々が読むようになったのは、またずっと時代が下ってからのことです。それができるためには、まず文字の発明が必要でしたし、それから文字を書きとめる紙の発明や、紙の生産が必要でしたし、その紙に印刷をする印刷技術の発明が必要でしたし、さらにいえば、印刷された文字が読めるように一般の人に初等教育が普及するということが必要でした。初等教育が普及して、だれもが印刷された文字の恩恵にあずかることができるようになり、産業革命の後に紙が大量に生産されるようになり、印刷技術の発達がそれに伴い、しかも、できあがった印刷物を流通させる経済機構が発達したのは、実際のところ、たかだかここ百年ぐらいのことです。それに先立つ何万年かの間、人類は常に「語る」という行為を通して物語をたのしんできました。語る人と聞く人が、同じ場と同じ時間を共有して、肉声で語られるものを直接聞くというかたちで、お話の命を保ってきたのです。

人間の子どもは、生まれ落ちてから成人するまでの間に、人類が今日までたどってきた歴史を追体験しながら育っていくといわれています。そう考えると、たとえば今二十世紀で、子どもが成人するのが二十歳というふうに考えるとすれば、私たちが印刷された物語を読むようになったのは十九世紀あたりからですから、その割合からいえば、子どもたちも十九になって初めて本を読めばいいわけで（！）、それまでは物語を聞いていたとしても不思議はないくらいですね。

ところが今日では、子どもたちは非常に早熟になってきて、小さな子どもたちでも字を読むようになってきました。けれども、それはけっしていいことばかりではないと、私は思います。字が読めるということ自体が悪いわけではありませんが、子どもたちがコミュニケーションの基本的なかたち――つまり、目と目を見合わせ、声によってことばを伝え、それが通じたという喜びの感情を体験すること――に充分習熟することなしに、文字を身につけてしまうことは、よいことだとは思えないのです。今日、コミュニケーションの手段は、機械によってその原初のかたちからずいぶん遠くへだたったものになっています。しかし、そういう機械化された、進んだ（？）手段をプラスのものとして生かすためには、私たちの根っこのところに、人間と人間を結びつけることばのあり方についてのしっかりした体験の蓄積がなければならないと私は思います。マスコミュニケーションにふれる前に、子どもたちには、家庭で、あるいは、子どもの属している小さな集団の中で、充分、この〝人〟対〝人〟の、声のことばによるコミュニケーションを味わってもらいたいと思うのです。ですから、物語も、初めから本になったかたちで読むのではなくて、最初はそばにいる大人たちが肉声で語るのを聞いて、それを通してお話にふれていくというのが本来のかたちであると思います。

きょうはこの会場が非常に大きいために、私はしかたなくマイクを使って話をしております。けれども、たとえば私がマイクなしで話をすると、いかがですか？　今まで聞いていた声と違うことがおわかりになるでしょう。感覚的に、肉声と、マイクを通した声が違うということがおわかりになると思います。機械を通した声はほんとうは使いたくないですね。というのは、それが人に与える感じといいますか、それが刺激する心の場所は、やっぱり肉声のそれとは違うと思うからです。できれば子どもたちには、人生の一番初めにおいて、コミュニケーションの一番もとのかたちを、じっくり味わってほしい。その感覚を根にもっていてこそ、マイクの声や、ラジオの声や、テレビの声を、その延長として感じることができると思うからです。それを抜きにして、最初からマイクの声、機械の声を聞くということは、私たちの感覚を、どこか非常に貧しくすると思います。そして、コミュニケーションというものに対する私たちの信頼を、どこかうつろなもの、ゆがんだものにすると思います。ですから、どうか子どもたちには、肉声で物語を語ってやっていただきたいと思います。

また、読むことと聞くことは違います。物語を語ることを長く続けてきたあるヨーロッパの語り手がこういっています。「本を読むというのは知ることにすぎない。しかし、語ること、聞くことは体験である。語っていると、聞き手のこれまでかたく閉ざされていた心の扉が内的世界に向かって開かれていくのを感ずることができる」と。たとえば、私はきょう、講演の中で、かいつまんでではありますけれども、「金の髪」というひとつの物語を語りました。そうすると、こちらから見ていてよくわかるのですが、物語になったとたん、みなさんの顔つきが変わる。何かこう気持がサッとひとつになって流れ出す。講演を聞いているときとは違います。おそらく同じ物語を目で追いながら読んでいるときとも違うのではないでしょうか。それは、「心の扉が内に向かって開かれた状態」なんだろうと私は思います。そして、お話を聞くことは、慣れれば慣れるほど、この「内に向かって心を開く」ことを容易にさせてくれます。「むかしむかしあるところに」とはじまったとたんに、何かこう気持が下のほうにいって、どっしりすわって、そして心のふだん開いていない場所が開いたように感じるものです。これは、自分がお話をしたり、人のお話を聞いたりするときに、私が常に感じていることです。こういう体験、つまり内的世界に向かって扉を開き、心の奥のほうまでくつろがせてお話を聞くことを、子どもたちにたっぷり味わってもらいたい。そういう状態で、私たちに残されてきた人類の遺産である数々の物語を聞いてもらいたい。そのようにして、くりかえし聞いた、美しい物語は、子どもたちがこれからのむずかしい世の中を生きていくとき、まちがいなく自分自身の物語をつくり出していく力になると思います。

引用・参考文献

Ⅰ お話について

15頁 『絵巻えほん 川』 前川かずお作 こぐま社 一九八一年
16頁 『えほん百科』(全十二巻) 岡田要・壺井栄監修 平凡社 一九六四年
24頁 『無文字社会の歴史―西アフリカ・モシ族の事例を中心に』 川田順造著 岩波書店 一九七六年／(同時代ライブラリー) 一九九〇年／(岩波現代文庫) 二〇〇一年
24頁 『サバンナの音の世界』 ＬＰレコード 川田順造編 東芝ＥＭＩ 一九八二年
28頁 「作家にとって読者とは何か」 清水一嘉著 「エディター」九月号 一九七七年／『作家への道―イギリスの小説出版』 日本エディタースクール出版部 一九八〇年

36頁 『心・からだ・ことば』 守屋慶子著 ミネルヴァ書房 一九八二年

39頁 「人格形成における空想の意味」 小川捷之 「こどもとしょかん」七号 一九八〇年／『昔話と子どもの空想』（TCLブックレット） 東京子ども図書館 二〇二一年

41頁 「ちいちゃい、ちいちゃい」 『イギリスとアイルランドの昔話』石井桃子編・訳 福音館書店 一九八一年

49頁 『日本語実用の面』 中野重治著 筑摩書房 一九七六年

53頁 『子どもとことば』（岩波新書） 岡本夏木著 岩波書店 一九八二年

Ⅱ お話のたのしみを子どもたちに

74頁 『わたしの生涯』（角川文庫） ヘレン・ケラー著 岩橋武夫訳 角川書店 一九六六年

87頁 『サバンナの音の世界』 前掲

92頁　「おいしいおかゆ」
『子どもに語るグリムの昔話1』佐々梨代子・野村泫訳　こぐま社　一九九〇年

93頁　『昔話の深層』　河合隼雄著　福音館書店　一九七七年／
『昔話の深層──ユング心理学とグリム童話』（講談社＋α文庫）　講談社　一九九四年

98頁　「かにむかし」　『日本民話選』（岩波少年文庫）　木下順二著　岩波書店　一九五八年／
『わらしべ長者』（岩波少年文庫）　二〇〇〇年

101頁　『昔話の魔力』　ブルーノ・ベッテルハイム著　波多野完治・乾侑美子共訳　評論社　一九七八年

107頁　「金の髪」
『おはなしのろうそく19』　東京子ども図書館編・刊　一九九二年／
『まめたろう』（愛蔵版おはなしのろうそく10）　東京子ども図書館編・刊　二〇一〇年

著者略歴　松岡享子（まつおかきょうこ）

1984年 当館主催の10周年記念講演会にて

1935年、神戸市生まれ。神戸女学院大学文学部英文学科、慶應義塾大学文学部図書館学科を卒業。米国、ウェスタン・ミシガン大学大学院で児童図書館学を学んだのち、ボルティモア市のイーノック・プラット公共図書館に勤務。帰国後、大阪市立図書館勤務をへて、家庭文庫「松の実文庫」を開く。1974年に石井桃子氏らと財団法人東京子ども図書館を設立、2015年6月まで同館理事長。その後、名誉理事長。

絵本、児童文学の創作、翻訳を多数手がける。創作に『とこちゃんはどこ』『おふろだいすき』『なぞなぞのすきな女の子』、翻訳に『しろいうさぎとくろいうさぎ』「ゆかいなヘンリーくん」「くまのパディントン」シリーズ、大人向けには、『えほんのせかい　こどものせかい』『子どもと本』『ことばの贈りもの』（レクチャーブックス◆松岡享子の本2）他、語り手に向けた「レクチャーブックス◆お話入門シリーズ」等。2022年没。

東京子ども図書館は、子どもの本と読書を専門とする私立の図書館です。1950年代から60年代にかけて東京都内4カ所ではじめられた家庭文庫が母体となり1974年に設立、2010年に内閣総理大臣より認定され、公益財団法人になりました。子どもたちへの直接サービスのほかに、“子どもと本の世界で働くおとな”のために、資料室の運営、出版、講演・講座の開催、人材育成など、さまざまな活動を行っています。くわしくは、当館におたずねくださるか、ホームページをご覧ください。 URL https://www.tcl.or.jp

お話について (レクチャーブックス◆松岡享子の本 1)

1996年10月20日 初版発行
2006年7月4日 第3刷発行
2023年12月15日 新版 第1刷発行

著 者 松岡享子
発行者 張替惠子
発行所 著作権所有 公益財団法人 東京子ども図書館
〒165-0023 東京都中野区江原町1-19-10
TEL 03-3565-7711 FAX 03-3565-7712
印刷・製本 精興社

ISBN 978-4-88569-021-1